AF293626

Für die Kinder dieser Welt,
die alles wissen wollen, die Freude haben
und denen die Welt wichtig ist!

Lasst uns gemeinsam die Welt retten!
Kein Handeln ist zu einfach.
Jedes hilfreiche Tun ist nötig und herzlich willkommen!
Machst Du mit?

Veronika Seiler

Der wunderbare Schatz der Constructa

Wie Freddi es fertigbrachte, das Klima zu retten

© 2019 Veronika Seiler
Lektorat: Ute Jesina

Herstellung und Verlag: BoD – Books on Demand, Norderstedt
ISBN: 978 3-7494-5089-3

Inhalt

Schulkinder retten die Welt

Ich bin Freddi. Ich bin neun Jahre alt. Vormittags gehe ich in die Schule, nachmittags radle ich zum Sporteln, renne im Wald herum, baue mit meinen Freunden Hütten aus Stöcken oder sitze auf einem meiner anderen Freunde, einem dicken Buchenbaum, und höre zu, wie er leise flüstert und singt.

Oder ich lese Bücher und Zeitungsartikel oder recherchiere auf den Internet-Seiten, die meine Eltern mir erlaubt haben. Ich informiere mich über die Umwelt, über's Einkaufen, über Plastik und CO2.

Oder ich schreibe Briefe an Politiker oder kleine Artikel für Zeitschriften. Was genau ich schreibe, bespreche ich vorher mit meinen Freunden und Freundinnen. So helfe ich mit, dass die Erwachsenen endlich etwas tun, damit es der Natur wieder besser geht.

Oder ich helfe meinem Papa beim Einkaufen mit dem Fahrrad – er hat den alten Kinder-Anhänger dran, ich den großen Rucksack auf. Den Rest laden wir in meinen Fahrradkorb am Gepäckträger. Dann kann unser Auto Pause machen.

Manchmal an Freitagen gehe ich nicht in die Schule. Dann demonstriere ich mit anderen Schülern und Schülerinnen, dass die Erwachsenen endlich etwas gegen die Umweltverschmutzung machen sollen. Jetzt treffen sich schon in der ganzen Welt viele tausende Schülerinnen und Schüler. Wir nennen es „fridays for future", das heißt „Freitage für die Zukunft".

Die Zukunft – das ist die Zeit, die morgen beginnt und danach weitergeht, also die Zeit, wenn wir Kinder ein bisschen älter geworden sind. Wir wollen, dass es uns in der Zeit, wenn wir ältere Jugendliche und Erwachsene sind, auch gut geht. Es soll genau richtig viel regnen, sodass die Felder genügend Wasser bekommen, aber nicht so viel, dass es Überschwemmungen gibt. Es soll genau richtig viel Sonne scheinen und so warm sein, dass die Pflanzen wachsen, aber nicht vertrocknen. Es soll aus den Autos und Fabriken kein CO2, also diese schädlichen Abgase, ausgestoßen werden. Das macht nämlich, dass die Erde in eine unsichtbare Hülle eingehüllt wird. Dann wird es auf der Erde zu heiß, weil die warme Luft von der Sonne aus dieser Hülle nicht mehr hinauskommt. Das heißt „Treibhaus-Effekt". Die Erfinderinnen sollen sich etwas Neues einfallen lassen! Die Meere, die Erde und die Luft sollen gesund sein, es soll kein Plastik drin sein.

Bestimmt habt ihr davon schon gehört in eurem Kindergarten oder in eurer Schule. Es ist gut, wenn wir Kinder Bescheid wissen! Wir wollen ja alle, dass es uns gut geht. Es soll allen Menschen, ob jung oder alt, gut gehen auf der Erde! Und es soll auch allen Tieren auf der Erde gut gehen! Und den Pflanzen.

Dazu müssen alle mithelfen: Erwachsene, Jugendliche und Kinder.

Und dann verschenke ich natürlich noch zusammen mit meiner Schwester Melanie unsere ganz besonderen Perlen. Die Perlen der guten Ideen, die wir von Constructa geschenkt bekommen haben. Jede Perle hat in sich eine super Idee, die der Natur und der Erde hilft, wieder gesund zu werden! Toll, nicht wahr?

Wollt ihr wissen, woher ich die Perlen habe? Und wie es dazu kam, dass ich so viele Dinge tue, damit es der Erde gut geht? Das kam, weil ich an einem Tag vor drei Jahren viele neue Freunde im Meer gefunden habe. Ja, Ihr habt schon richtig gehört: Ich war mittendrin im Meer! Das war was, sage ich euch. Erst dachte ich ja, ich ersticke, aber das tat ich gar nicht - es war ganz geheimnisvoll. Das kam aber nur daher, dass ich von Wongan, dem Wassergeist, geleitet wurde. Sonst hätte ich natürlich nicht so lange im Wasser tauchen können.

Ach, ihr wisst ja gar nicht, wer Wongan ist.

Fange ich also lieber ganz von vorne an!

Wie alles begann

Wart ihr schon mal in den Ferien am Meer?

Schön, nicht wahr? Ja! Wenn die Sonne scheint und man baden kann.

Wart ihr auch schon mal am Meer, als es regnete? Dauerregen, drei Tage lang! Ununterbrochen!!!

Das hatte ich vor drei Jahren in den Ferien erlebt.

Meine Schwester, meine Eltern und ich, Freddi Tulli. Damals, vor drei Jahren, waren wir in den Ferien am Meer – und:

Es regnete.

Dass dieser Tag, an dem ich dem Wassergeist begegnete, einer meiner besondersten Tage in meinem bisherigen Leben werden sollte, konnte kein Mensch ahnen… Aber ich fange von vorne an.

Damals, vor drei Jahren, lehnte ich meinen Kopf an die Scheibe und schaute zum Fenster hinaus. Der kleine Garten vor dem Haus versank in Regenschleiern, in der Wiese standen Pfützen, an den Bäumen glitzerte Wasser. Kein Mensch und kein Tier waren zu sehen, alle hatten sich in Häuser und Verstecke zurückgezogen.

Die Regentropfen machten Dauerlauf nach unten an der Fensterscheibe. „Mann, ist das langweilig!" stöhnte ich. „Muss das die ganze Zeit so regnen!"

Hinter mir saß meine Schwester Melanie im Lehnstuhl und las ein Buch. Sie konnte schon lesen. Ich konnte damals noch nicht lesen. Ich war gerade kurz vor den Pfingstferien sechs Jahre alt geworden und meine letzten Monate im Kindergarten begannen. Nach den Sommerferien kam ich in die Schule. Jetzt waren wir also in den Ferien am Meer und es regnete schon seit 3 Tagen.

„Wenn das so weitergeht, fällt mir noch die Decke auf den Kopf" murmelte ich. Das sagte meine Mutter manchmal. Mama und Papa waren mal kurz einkaufen gefahren. Meine Schwester und ich warteten derweil in der kleinen Ferienwohnung.

Zum Spielen hatte ich keine Lust mehr, alle Legoideen, die ich jemals hatte, waren schon gebaut und wieder abgebaut worden. Ihr müsst wissen, ich bin ziemlich gut in Lego-Bauen! Schon damals hatte ich die tollsten Einfälle. Also könnt ihr euch vorstellen, wie viel Lego ich in diesen drei Regentagen schon gebaut hatte. Malen wollte ich jetzt gerade nicht, es fiel mir überhaupt nichts ein. Und die paar wenigen Bilderbücher, die wir mitgenommen hatten, konnte ich eigentlich schon auswendig. In unserer kleinen Ferienwohnung konnte man sonst nichts machen. Zu Hause hatten wir wenigstens das Trampolin und den Kickertisch. Aber hier...!?

Ich schaute also wieder zum Fenster hinaus, wie schon so oft in diesen drei Tagen...

Weiter hinten rauschten die Wellen im Meer. Ganz grau. Und so richtig wild und durcheinander. Eigentlich scheußlich.

„Dabei wollten wir doch baden!" jammerte ich lauthals. Meine Schwester machte nur „psst!", weil sie beim Lesen nicht gestört werden wollte.

Die Wellen rauschten, die Tropfen trommelten ein trauriges Lied an die Scheibe. Ja, in der Tat trommelten sie traurig! Ich glaube, sie wollten nach dem langen Regen nun auch mal wieder als Dampf nach oben steigen, nicht immer nur nach unten fallen.

Eine Zeit lang schaute ich also nur diesen Regentropfen am Fenster zu und döste fast ein.

Da hörte ich plötzlich eine Stimme – direkt neben mir:
„Freddi – komm!"
Was war denn das?! Ich fuhr total erschrocken hoch.
„Freddi – du musst uns helfen!" Die Stimme tönte drängend.
„Wer, wer bist du?" stotterte ich, so durcheinander war ich.
„Ich bin Wongan, der Wassergeist!"

Ich fasste mir an den Kopf, machte meine Augen schnell auf und zu und zwickte mich sogar in den Arm. Was war denn das?! Ich träumte doch nicht etwa?

„Da ist doch niemand!" sagte ich laut und blickte mich zu meiner Schwester um. Die saß immer noch im Lehnstuhl und las, was auch sonst, ganz vertieft ihr Buch.

„Melanie – bist du das?" fragte ich trotzdem.

„Was denn? Lass mich doch in Ruhe lesen!" murmelte Melanie. Sie war es jedenfalls nicht, die gesprochen hatte.

Ich blickte also wieder zum Fenster. Und da sah ich jetzt doch wahrhaftig gleich vor dem Fenster draußen, direkt vor mir, gleich hinter der Fensterscheibe, ein ganz seltsames Wesen: Graugrünblau, schlabberig, voller Wasser, Algen und Schling-pflanzen. Schlagartig wusste ich, was es war: Ein Wassergeist, eindeutig! Mit großen, grünen Augen blickte er mich an, eigent-lich recht freundlich – aber ich erschrak furchtbar! Wann hat man schon die Gelegenheit, einen Wassergeist von so nahem zu sehen! Stellt euch vor, nun winkte der auch noch mit der Hand.

Mit gurgelnder, tiefer Stimme rief er: „Du musst gleich kom-men! Nur jetzt ist das Wassertor geöffnet. Nur einmal im Mo-nat, wenn die Flut genau an Neumond ist – und das ist jetzt!" Er drängte!

„ Warum soll ich denn kommen?" fragte ich verwirrt. Heute weiß ich eigentlich nicht, warum ich überhaupt auf die Idee kam, mit ihm zu reden. Aber ich tat es.

„Das erkläre ich dir später! Komm!" bekräftigte der Wassergeist. „Und bring deine Schwester mit!"

„Aber..." wollte ich noch fragen – aber der Wassergeist verschwand ins Nichts. Einfach so weg, nicht mehr zu sehen.

„Na so was! Spinn ich oder was? Ich glaube, ich träume. Wassergeister gibt`s ja gar nicht." Das sagte ich mir und lehnte meinen Kopf wieder an die Scheibe – aber mein Herz, das klopfte so heftig vor lauter Aufregung! Ich konnte nicht mehr ruhig stehen bleiben… In meinem Kopf wirbelten die Gedanken: Wassergeist – Hilfe – ich spinne – was soll ich machen?" Meine Füße begannen wie von alleine hin und her zu wandern: vom Fenster zum Tisch, vom Tisch zum Lehnstuhl, vom Lehnstuhl zum Fenster. Melanie gab schon unwillige Töne von sich.

Könnt ihr euch vorstellen, wie es in meinem Kopf hin und her dachte? Entweder ich träume, dachte ich, dann ist alles nur Einbildung. Oder ich träume nicht, und es braucht tatsächlich jemand meine Hilfe! Wenn ich dann nicht helfe, passiert vielleicht etwas Schlimmes. Schließlich murmelte ich zaghaft vor mich hin: „Was das wohl werden wird!"

Ich hatte beschlossen zu helfen! Außerdem war ich insgeheim ein bisschen froh, dass ich nun etwas zu tun bekam. Und dass meine Schwester vielleicht doch ihr Buch weglegen würde und mit mir etwas unternehmen würde.

Ich fasste mir ein Herz und rief laut und ungeduldig zu ihr:

„Melanie komm, da braucht jemand unsere Hilfe – wir müssen sofort los!" Ich lief zu ihr, schnappte das Buch aus ihren Händen, legte es auf den Tisch und zog mir auch schon in der kleinen Garderobe meine Regensachen an.

„He – was soll das?" empörte sich Melanie.

Aber nun war ich richtig in Eile! Ich sagte nur mit drängender Stimme kurz angebunden: „Ein Wassergeist war da. Das Wassertor ist jetzt geöffnet. Deshalb müssen wir sofort los!"

Melanie schüttelte genervt den Kopf. Warum war sie denn so begriffsstutzig!

Ungeduldig hüpfte ich um Melanie herum, bis ich wenigstens das Gefühl hatte, dass sie mich gehört hatte.

„Nun komm schon! Es pressiert!"

Melanie verstand überhaupt nichts. Aber ich war so ungeduldig und stand außerdem schon in Regenjacke und Gummistiefeln neben ihr, dass sie gar nicht anders konnte, als mit mir mitgehen. Sie knotete ihre Beine auseinander und schälte sich aus dem Sessel. Endlich zog auch sie ihre Regenjacke über.

„Du musst noch eine Nachricht an Mama und Papa schreiben, dass wir gleich wiederkommen!" erinnerte ich sie. Schließlich sollten sich Mama und Papa keine Sorgen machen, wenn sie gleich vom Einkaufen zurückkamen. Melanie angelte sich einen Zettel aus dem Malblock und schrieb: „Kommen gleich wieder. Helfen dem Wassergeist! Melanie und Freddi".

Endlich zog Melanie auch noch ihre Gummistiefel an. Eilig zogen wir die Haustüre hinter uns zu und liefen zum Strand.

Meeresrauschen-Rap

Wer einmal das Meer gehört, der weiß, wie schön es klingt!

Viele Töne macht es und die Welle munter springt.

Meeresrauschen freudig in den Ohren tobend singt.

Meeresrauschen unser Herz deshalb zum Singen bringt.

Meeresrauschen bringt auch schöne leise Töne vor,

denn dann singen viele tausend Sandkörnchen im Chor.

Tausende von Tröpfchen machen Weltmeeresmusik,

Ozean, Pazifik und im großen Atlantik.

Wer einmal das Meer gehört, der weiß, wie schön es klingt!

Viele Töne macht es und die Welle munter springt.

Meeresrauschen freudig in den Ohren tobend singt.

Meeresrauschen unser Herz deshalb zum Singen bringt.

Am Strand

Am Strand war es an diesem besonderen Tag wirklich unge-mütlich. Von „freudig" konnte keine Rede sein. Und davon, dass das Meeresrauschen unsere Herzen zum Singen ge-bracht hätte, auch nicht. Die Wellen hatten schmutzige Schaumkronen und klatschten eine nach der anderen auf den nassen Sandstrand. Der Wind zerrte an Melanies und meinem Anorak und Haaren. Während wir zum Strand gerannt waren, hatte ich meiner Schwester keuchend erklärt, was ich wusste – viel war es ja bisher nicht.

Nun standen wir da – und kein Wassergeist weit und nah.

„Hätte der Wassergeist sich nicht einen anderen Zeitpunkt aussuchen können!" jammerte ich. „So eine Nässe!"

„Wo ist er denn eigentlich?" Melanie blickte sich suchend um. „Hat er denn gesagt, wo wir uns treffen sollen?"

„Nö – eigentlich nicht!" wunderte ich mich. „Ich hab halt ge-dacht, dass wir uns am Meer treffen, weil er ein Wassergeist ist!"

„Na, das kann ja heiter werden." Melanie stöhnte.

Doch plötzlich rauschte und tobte gleich vor ihr eine riesige Welle hoch.

Meine Schwester machte einen erschrockenen Satz rückwärts. Beinahe wäre sie über ein herumliegendes Treibgut, einen alten, knorrigen Ast, gestolpert. Da schwebte der Wassergeist direkt vor ihr und grinste über das ganze Gesicht. Seine großen Augen strahlten im tiefsten Himmelblau, seine Haut war mit grünlichen Schuppen übersät, statt Beinen hatte er einen Fischschwanz. Er war ungefähr so groß wie Melanie.

Da war er also doch!

„Schön, dass ihr da seid!" begrüßte er uns. „Darf ich mich dir kurz vorstellen: Ich bin Wongan, der Geist des Wassers!"

Und schon sprach er weiter: „Und nun kommt!" Drehte sich um und wollte ins wilde Meeres-Wasser verschwinden.

„Äh – warte mal!" rief da Melanie gerade noch schnell. „Wir können doch bei dem Wetter nicht ins Wasser! Das ist viel zu kalt! Außerdem haben wir gar keine Badesachen dabei." Meine Schwester war damals immer sehr besorgt um mich.

„Hä?" Verständnislos schüttelte der Wassergeist den Kopf, drehte sich zum Glück aber doch noch einmal um. Ungeduldig rang er seine Hände.

„Muss man euch denn alles erklären. Das geht doch ganz einfach!" drängte er.

„Packt einfach eine Ecke vom Meer und zieht sie hoch – wie eine Bettdecke! Und dann schlupft ihr einfach drunter. – Nun beeilt euch doch – sonst geht es nicht mehr!" Der Wassergeist war nun wirklich in Eile.

„Einfach hochheben – wie eine Bettdecke..." murmelte Melanie.

„Und dann werden wir nicht nass?" Ungläubig schüttelte sie den Kopf. Doch da fiel ihr noch etwas viel wichtigeres ein: „Aber Freddi kann noch nicht so gut schwimmen!" Laut musste sie dies schreien, denn der Wind wurde nun immer stärker und lauter und die Wellen donnerten immer gefährlicher an den Strand. Wie gesagt, meine Schwester war ziemlich besorgt um mich. Aber es war tatsächlich so: Damals konnte ich noch nicht gut schwimmen. Heute ist das etwas anderes! Heute springe ich sogar vom Zehner! Ja, tatsächlich. Irgendwie habe ich es plötzlich gelernt. Und es macht total Spaß!

Aber ich komme vom Thema ab.

Der Wassergeist schnaufte tief auf: „Doch, natürlich werdet ihr nass! Ihr seid ja dann im Wasser" erwiderte er. Fast schien er ein bisschen ärgerlich zu sein.

Doch er holte tief Luft, wie um sich zu beruhigen, und fuhr fort: „Aber Freddi kann dann schwimmen!"

Melanie und ich blickten uns verdutzt an.

„Ich kann aber wirklich noch nicht so gut schwimmen" warf ich zögernd ein.

Jetzt wurde der Wassergeist doch ein bisschen böse. „Entweder jetzt – oder nie!" schrie er uns entgegen und seine Stimme klang wie der brausende Sturmwind. Vielleicht musste er aber auch so schreien, um die tosenden Wellen zu übertönen?

Ich schaute Melanie hilflos an. „Sollen wir?"

Melanie zögerte einen kurzen Moment. Aber nur noch ganz kurz.

Dann nahm sie mich fest an die Hand und nickte: „Also los!"

Keine Ahnung, warum sie plötzlich so guten Mutes war. Jedenfalls tat sie es – und ich auch. Stellt euch vor: Mit unseren freien Händen griffen wir in das ungreifbare Wasser einer Welle, die gerade angebraust kam, hielten sie fest, es ging so schnell! – Und tatsächlich! Es klappte! Irgendwie konnten wir die Welle heben wie eine Bettdecke, hoben sie hoch über unsere Köpfe und rannten im nächsten Moment unter die Meeresdecke hinein. Hinter uns fiel die Decke sanft zu Boden – und wir waren im Wasser.

Ob ihr es glaubt oder nicht: Wir waren innen drinnen. Im Meer! Wir standen mit den Füßen am Sandboden, Wasser überall um uns herum, Wasser um die Hände, die Beine, den Bauch, Wasser in den Ohren, in der Nase, in den Augen – aber es fühlte sich gut an. Wir konnten sogar die Augen aufmachen, ohne zwinkern zu müssen.

„Nun, jetzt bin ich aber froh, dass ihr da seid!" empfing uns Wongan, der Wassergeist, augenblicklich wieder lachend und seufzte erleichtert auf.

„Ich hatte schon Sorgen, dass ihr nicht mehr hereinkommt! Lasst uns erst mal zu mir nach Hause schwimmen. Da erkläre ich euch alles in Ruhe!" Und schon schwamm der Wassergeist los, eilig wie er war.

„Wieso in Ruhe – ich dachte, es dauert nur ganz kurz!" wollte ich sagen, denn die Geschwindigkeit des Wassergeistes beunruhigte mich etwas – aber es kam kein Ton heraus: Aus meinem Mund blubberte es nur kleine Bläschen. Ehe ich aber lange darüber nachdenken konnte, fiel mir siedend heiß etwas anderes ein: „Ach du meine Güte!" dachte ich, „wie kann ich denn überhaupt so lange ohne Luft unter Wasser sein?" Verwundert spürte ich, dass mein Bauch sich hob und senkte, wie wenn ich atmete. In der Badewanne hatte ich damals schon gerne die Luft anhalten geübt – aber so lange, wie ich in diesem Moment jetzt schon unter Wasser war, hatte ich es bis dahin noch nie geschafft.

Vielleicht würde ich gleich ersticken, dachte ich.

Aber nein, ich brauchte unter der Meeresdecke anscheinend gar keine Luft! Als auch nach einigen Augenblicken nichts Schlimmes passierte, merkte ich, dass es mir sehr gut hier unter Wasser ging!

„Vielleicht bin ich ein Fisch geworden!" dachte ich. Die konnten unter Wasser atmen und starben an der Luft. Gerade anders herum als die Menschen. Sie hatten Kiemen statt Lungen. Nun, dann war das also geklärt: Ich atmete wie ein Fisch.

Der Wassergeist kam zurück. Er war schon ein ganzes Stückchen fortgeschwommen, als er endlich gemerkt hatte, dass wir nicht nachkamen.

„Nun kommt doch endlich!" Er winkte ungeduldig mit seiner schlabbrigen Hand, dass wir ihm folgen sollten. Mit seinem Fischschwanz schlug er so eilig das Wasser, dass sich kleine Sandwolken vom Meeresboden erhoben.

Jaja, ich nickte und packte meine Schwester fest an der Hand, stieß mich vom Boden ab und schwamm im tiefen Wasser dem Wassergeist hinterher. Lustig fühlte sich das an! Ich fing zu lachen an – da blubberten die Bläschen wieder aus meinem Mund – und stellt euch vor, ich bekam einen Schluckauf.

Hicksend schwebte ich mit meiner Schwester an der Hand durch das Meer. Wunderbar breitete sich der Meeresboden unter uns aus. Zwischen Sand und Steinen wuchsen Algen und Meerespflanzen, bunte Muscheln lagen verstreut am Boden und bunte Fische in allen Farben schwammen um uns her. Hätten Melanie und ich damals mehr Zeit dafür gehabt, hätten wir uns gerne die schönsten Muscheln ausgesucht. Das taten wir immer gerne am Strand. Aber der Wassergeist schwamm schon weit vor uns und wir mussten uns beeilen, ihn nicht zu verlieren.

Während des Schwimmens dachte ich darüber nach, wie wir wohl dem Wassergeist helfen sollten. Hatte es etwas mit dem starken Regen zu tun, der seit Tagen so fest schüttete, dass schon ganze Dörfer unter Wasser standen und Erdhänge abrutschten? Und nicht nur in diesen Pfingstferien übrigens, sondern schon seit den letzten Jahren immer wieder. Immer wieder erwischte es ein anderes Dorf oder eine andere Straße. Es war sehr seltsam und die Erwachsenen schimpften immer mehr. Ich glaube, sie hatten auch etwas Angst. Aber das sagten sie uns Kindern natürlich nicht, obwohl wir das gut verstanden hätten.

Bald jedoch sollten wir erfahren, um was für eine Hilfe es ging – aber zuvor erlebten wir noch ein mittleres Abenteuer. Es ging um unsere Stimmen…

Im Haus des Wassergeistes

Nach kurzer Zeit kamen Melanie, Wongan, der Wassergeist, und ich an ein großes, vornehmes Unterwasser-Haus. Es war sofort als solches zu erkennen, denn aus allen Fenstern schauten viele kleine, lustige Wassergeister heraus, die aussahen wie der große Wassergeist, nur viel kleiner, und winkten und riefen laut: „Hallo! Hallo! Schön dass ihr da seid!" Und: „Juhu! Endlich seid ihr da!" Es tönte und klingelte wie lustige Musik und kleine Glöckchen.

Melanie winkte auch und wollte „Hallo" sagen, aber es kam kein Ton: Es blubberte auch bei ihr nur Luft aus dem Mund.

Da fiel mir wieder ein, dass ich ja keine Stimme hatte! Was für ein seltsames Gefühl! Aber uns blieb keine Zeit, uns zu wundern, denn der große Wassergeist führte uns ins Haus und bot uns einen Platz auf einer seltsam wässrigen Bank an. Sie sah aus wie eine Holzbank, nur ganz aus Wasser! Wie sollte man denn auf Wasser sitzen können?! Habt ihr das schon mal probiert? Wir taten es trotzdem und setzten uns ganz, ganz vorsichtig… Tatsächlich - diese Wasserbank trug.

„Darf ich euch meine liebe Familie vorstellen?" begann Wongan.

„Meine Kinder!"

Nach und nach verbeugten sich alle kleinen Wassergeister artig. Die waren vielleicht höflich! Alle sahen aus wie der große Wassergeist, nur immer eines ein bisschen kleiner als das vorhergehende. Es sah sehr niedlich aus. Am Schluss schwebte die schönste Wassergeistfrau herein, die man sich vorstellen konnte, und Wongan sagte mit seiner tiefen Stimme ganz liebevoll: „Dies ist meine Frau, Prinzessin Julina-Tschako."

Ich hab es ja nicht so mit Prinzessinnen. Aber Melanie hatte schon etliche Bücher über Feen und Elfen gelesen – ein so besonders schönes Wesen wie diese Wassergeistfrau hatte sie auf Bildern jedoch noch nie gesehen! Die Prinzessin, die ein bisschen schielte, war in edle wehende Gewänder gehüllt, ihr langes, rotes Haar hatte sie mit goldenen Muscheln und funkelnden Perlen geschmückt. Auf ihrem Kopf trug sie eine kleine, feste Krone. Das passte gut zu ihr, denn sie war gar nicht so dünn, wie die Wassergeister aus Melanies Büchern waren, sondern ganz schön knuddelig rund. Sie sah wirklich sehr liebenswürdig aus!

Ich verbeugte mich im Sitzen höflich und blubberte „sehr angenehm" – aber auch jetzt hörte man meine Worte nicht, meinem Mund entstieg nur Luft. Und jetzt endlich bemerkte es jemand!

„Ach jemine!", der Wassergeist Wongan sprang auf, wenn man das bei einem Wassergeist springen nennen kann.

„Hat es euch die Stimme verschlagen? Das kommt bestimmt, weil Neumond schon fast vorbei war! Was machen wir denn nun?" Wongan schwamm ein paar besorgte Runden hin und her und rang die Hände.

Die kleinen Wassergeistkinder begannen zu überlegen und Melanie und ich sahen uns beunruhigt an. Was hieß denn das: Die Stimme verschlagen! Klang ja schrecklich! Dabei fühlte es sich gar nicht so schlimm an. Aber nun, als alle wie wild durcheinander zu reden begannen, bekam ich es doch mit der Angst zu tun. Ob ich jemals wieder normal würde sprechen können?!

Die ganze Wassergeistfamilie plapperte nun einer auf den anderen ein: „Man könnte doch ... oder sollten wir nicht lieber... wie wäre es mit Nusskrautlabbs, das macht die Stimmbänder flüssig... ich hab schon mal von Neddlduut gehört, das muss man einfach nur schlucken, dann kommt die Stimme von alleine wieder!" Alle redeten durcheinander.

Melanie und ich schüttelten uns angeekelt. „Nusskrautlabbs und Neddlduut – das hört sich aber eigenartig an" dachte ich und verzog den Mund. Die vielen Ideen machten mich nicht hoffnungsfroh.

Doch da ertönte die zarte, hohe Stimme von einem ganz jungen Wassergeistkind über den ganzen Trubel hinweg: „Wir könnten doch die alte Yaibolla fragen! Die weiß so viel!"

„Juhu – das ist es!" Der Wassergeist war begeistert und vollführte einen Freudentanz.

„Auf zu Yaibolla!"

Bevor Melanie und ich auch nur darüber nachdenken konnten, wer denn nun diese schlaue Yaibolla sein könnte, schob Wongan uns schon zur Wasserhaustüre hinaus und zog uns hinter sich her. Alle kleinen Wassergeistkinder folgten uns in einer Reihe. Nur Julina-Tschako blieb zu Hause. Sie musste wohl wichtige Dinge erledigen.

Wilde Wasserfahrt

Gleich hinter dem Haus war die Garage, in der ein seltsames Gefährt stand. Es hatte Räder, Flügel und Schwimmflossen gleichzeitig. Vater Wongan zog Melanie und mich auf einen Sitz.

„Platz nehmen bitte!", tönte er lauthals – und alle kleinen Wassergeister stapelten sich neben- und übereinander auf den Sitzen und zwischen den Reihen – es sah ziemlich gefährlich aus. Die Wassergeisterkinder kicherten und glucksten vor sich hin, aber jeder fand irgendwo einen Platz.

„In einem echten Auto ginge das aber so nicht!" dachte ich kopfschüttelnd. Unsere Eltern bestehen immer darauf, dass wir ordentlich sitzen und uns anschnallen.

Doch tatsächlich: „Alle anschnallen bitte!", dröhnte Papa Wongans Stimme über das Gekicher seiner Kinder hinweg - und alle Wassergeisterkinder fanden irgendwie ihre Sicherheitsgurte und klickten sie ein. Auch wir schnallten uns schnell an.

Schon startete Papa Wongan knatternd den Motor. Es wackelte und schaukelte so arg, dass sich Melanie und ich beinahe die Köpfe aneinander stießen. Da ging der Motor wieder aus.

„So ein Mist", jammerte Wongan. „Diese alte Kiste tut es bald wirklich nicht mehr!"

Und mit Ächzen und Gestöhne stieg er aus, holte eine seltsam verbeulte Kurbel, die er vorne in das Fahrzeug steckte, und begann den Motor aufzuziehen. Es quietschte und schrappte und wackelte. Nach einigem Gekurbel und Geruckel sprang er mit einem „Hoppla" behände wieder auf seinen Sitz, startete erneut – und nun funktionierte es.

Jetzt kam das Tollste: Das alte, klapprige Fahrzeug verwandelte sich wie von Zauberhand in ein superschnelles, flottes

Unterwasserfahrzeug! Es schoss nur so aus der Garage hinaus, dass sich alle Mitfahrer schnell irgendwo festhalten mussten.

Wongan legte ein irres Tempo vor! Das Fahrzeug preschte mit Wahnsinns-Geschwindigkeit durch das Wasser, legte sich in die Kurven und sauste knapp über dem Meeresboden entlang. Und wenn man Melanie jetzt hätte hören können, hätte man sie „Hilfe" rufen hören – denn im nächsten Moment kippte sie bei einer überraschenden Linkskurve einfach aus dem Fahrzeug. Ich wollte schreien, als ich bemerkte, dass meine Schwester hinausfiel – aber es kam nur das bekannte „Blubb" aus meinem stummen Mund. Ich wusste nicht was ich tun sollte! Meine Schwester – weg!

Aber was sah ich da! Melanie schwebte seitlich neben dem Fahrzeug her wie in einem gemütlichen Sitz. Ihr Sicherheitsgurt hatte sich in ein Karussell verwandelt!

Da riefen auch schon die Wassergeisterkinder durcheinander: „Uii schau mal, wie lustig! Papa, noch mal, wir wollen auch schweben. Ich will auch Wasserkarussell fahren! Papa, noch mal eine Kurve bitte!"

Aber Papa Wongan entschied: „Keine Zeit für den Kinderkram! Zieht das Mädchen wieder rein!" Und gerade, als Melanie es anscheinend mehr und mehr lustig gefunden hatte, neben dem Fahrzeug her zu flitzen, zogen die Wassergeistkinder sie mit „Hau ruck!“ wieder herein. Erleichtert drückte ich ihr die Hand und hielt sie vorsichtshalber ganz fest. Ein bisschen Sorge hatte ich schon gehabt um sie. Was wäre nun gewesen, wenn Melanie aus dem Fahrzeug gefallen wäre und keiner hätte es gemerkt!? Ich selber hätte nichts sagen können: Keiner hätte mich gehört.

Nun begannen die Wassergeistkinder zu singen. Mit ihren hellen, glockenden Stimmen sangen sie so schön, so lustig, dass ich mich wieder beruhigte. Und auch Melanie schaute glücklich in die Wasserlandschaft, die unter und neben uns vorbeiflitzte.

Das Lied der Wassergeistkinder

Und so sangen die Wassergeistkinder:

„Wir sind die Wasserkinder
Und sausen durch das Meer.
Mit unsrem schnellen Auto
Fällt uns das gar nicht schwer.
Wasserkinder, Geisterkinder – wir lieben unsre Welt.
Wasserkinder, Geisterkinder – wie uns das Meer gefällt.

Wir sind die Wasserkinder
Und sausen durch das Meer.
Da schauen alle Fisch
Uns lustig hinterher.
Wasserkinder, Geisterkinder – wir lieben unsre Welt.
Wasserkinder, Geisterkinder – wie uns das Meer gefällt.

Wir sind die Wasserkinder
Und sausen durch das Meer.
Constructa bewacht die Perlen
Und wartet ja schon sehr.
Wasserkinder, Geisterkinder – wir lieben unsre Welt.
Wasserkinder, Geisterkinder – wie uns das Meer gefällt.

Yaibollas Haus

Nach einiger Zeit wilder Fahrt – die Melanie und ich notge-
drungen stumm miterlebten – näherten wir uns endlich einem
Wald. Ja tatsächlich standen hier mitten im Wasser Pflanzen,
die wie riesige, uralte Bäume aussahen. Nur dass hier nicht die
Vögel in den Zweigen zwitscherten, sondern die Fische silberne Melodien blubberten, die als Perlenketten nach oben stie-

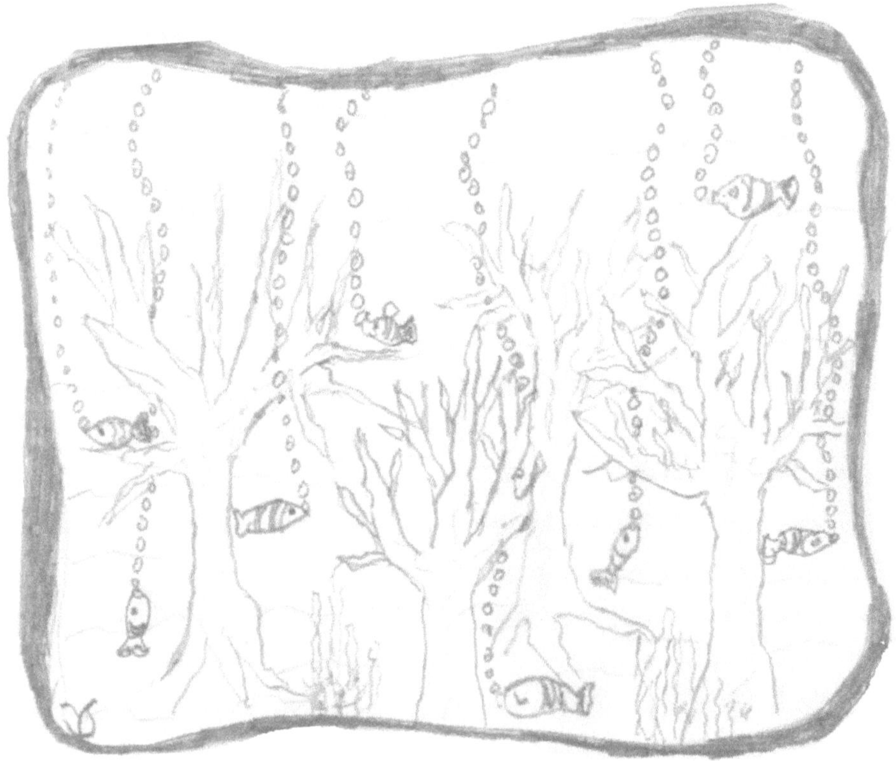

gen und die Zweige wie mit Lametta schmückten. Der ganze Wald war ein einziger, verzauberter, dunkler Ort. Nur die silbernen Perlenketten strahlten einen zarten Schimmer. Das war das einzige Licht.

Wongan drosselte die Geschwindigkeit und schaltete die Scheinwerfer ein. Sehr behutsam steuerte er das Fahrzeug zwischen den riesigen Baumstämmen hindurch.

„Wann sind wir denn endlich da?", jammerte ein junges Wassergeistkind leise.

„Bald!" Wongan konzentrierte sich sehr auf die Fahrt. Hin und her musste er das Fahrzeug lenken, um nirgendwo anzustoßen.

Die Melodien der Fische und das Hin- und Hergeruckel des Fahrzeugs machten mich ganz schläfrig.

„Och, bin ich müde", dachte ich. „Wenn ich doch endlich wieder meine Stimme hätte. Ganz schön langweilig, wenn man nichts reden kann!"

Fragend blickte ich meine Schwester an. Ob es ihr auch so ging? Doch Melanie saß ganz aufrecht und blickte aufmerksam zwischen den Stämmen hindurch.

„Da!", wollte sie rufen – und eine große schillernde Luftblase entstieg ihrem Mund, verwandelte sich sofort in eine silberne

Kugel, schwebte nach oben und hängte sich wie eine Christbaumkugel an den nächsten Zweig.

„Wunderbar!", dachte ich entzückt und drehte mich um, damit ich die Kugel noch lange sehen konnte. Doch meine Schwester stupste mich heftig am Arm und deutete nach vorne.

„Was denn, was denn!", dachte ich - und da sah ich es auch: Hinter den Bäumen tauchte nun eine riesige Muschel auf – so eine habt ihr bestimmt noch nicht gesehen: Mit Haustüre vorne und Kamin obendrauf, an den Fensterbrettern standen Blumentöpfe mit Wassergeranien.

„Endlich sind wir da. Das musste es sein: das Haus von Yaibolla!", dachte ich erleichtert.

Wongan parkte vorsichtig in einer Parknische ein, das Motorengeräusch verebbte. Die quirligen Wassergeistkinder waren erstaunlicherweise ziemlich leise, nur das Klicken der Gurte hörte man, als alle sich abschnallten.

„So, nun kommt – aber leise bitte!", befahl Vater Wongan.

„Wir sind doch ganz leise!", moserte ein kleiner Wassergeist – aber Papa Wongan machte noch einmal „Pscht!" und ging zur Haustüre.

Mir wurde es etwas mulmig zumute: Was mochte das nur für eine gefährliche Frau sein, diese Yaibolla – wenn man da so leise sein musste!

Aber viel Zeit zum Sich-Sorgen blieb mir nicht: Schon standen wir mit den anderen vor der Haustüre des Muschelhauses – und Melanie und ich guckten sprachlos, als wir nun neben der Türe auch noch eine alte Glocke mit Griff zum Ziehen entdeckten.

Wongan drehte sich zu uns allen um, machte ein strenges Gesicht, das sehr lustig aussah, und legte den Finger an den Mund: „Pscht!", zischte er laut, bevor er jetzt entschieden an der Glockenschnur zog.

Erst war es still.

Alle hielten wir die Luft an und warteten.

Wongan zog noch einmal, laut und heftig. Da raschelte es drinnen und man vernahm schlurfende Schritte.

Melanie und ich gingen vorsichtshalber ein, zwei Schritte zurück.

„Das ist ja unheimlich!", dachte ich.

Mit einem geheimnisvollen Quietschen öffnete sich die Haustüre einen Spalt.

„Wer da?", krächzte die Stimme einer alten Frau.

„Hhm, hhm", räusperte sich Wongan und fuhr zaghaft fort: „Wir sind's, Yaibolla: Wongan und die Kinder.",

„Ach ihr seid es!" Sofort ging die Türe ganz auf und eine uralte Krebsfrau breitete erfreut ihre Arme aus. Um ihren dicken Bauch hatte sie eine weiße Schürze gebunden, ihre Haare hatte sie mit glitzernden Silberperlen verziert, auf ihrer Nase steckte eine runde Brille, durch die sie alle mit riesigen Augen anstrahlte.

„Warum sagt ihr das nicht gleich! Herzlich willkommen bei Yaibolla!" Ihr Lachen leuchtete über das ganze Gesicht.

„Schön, dass ihr mich mal wieder besuchen kommt!" Sie blickte in die Runde.

„Und alle deine Kinder hast du mitgebracht – wie schön!"

Mit ihren wackeligen, alten Krebsfüßen tippelte sie die kleinen Treppenstufen herunter. Sehr vorsichtig schüttelte sie dem Wassergeist Wongan die Hand.

„Guten Tag, Yaibolla. Wie schön, dass es dir gut geht. Wir waren uns nicht so sicher, ob du dich über unseren Besuch freust!", räusperte sich Wongan verlegen.

„Aber doch, natürlich freue ich mich – ihr seid mir immer willkommen!" Lachend drückte sie ein Wassergeistkind nach dem anderen vorsichtig an sich. Die Wassergeistkinder zeigten sich von ihrer höflichsten Seite und jedes sagte wieder sehr artig: „Guten Tag, Frau Yaibolla", als es mit einem kleinen Schmatz von Yaibolla auf die Backe begrüßt wurde.

Melanie und ich blickten uns fragend an. „Ist die nun lieb oder böse?" Ich konnte Melanies Blick erraten – und zuckte mit den Schultern.

„Wenn ich das nur wüsste. Jedenfalls eigenartig – höchst eigenartig!" Und fast gleichzeitig machten wir ein paar leise Schritte rückwärts.

„Gezwickt will ich jedenfalls nicht werden von dieser alten Krebsfrau mit ihren riesigen Zwickehänden!" dachte ich und rieb mir vorsichtig meine Hände. Sollten wir vielleicht doch besser weglaufen? Aber wohin? Doch meine Stimme wollte ich auch wieder haben. Und hatten nicht alle gesagt, Yaibolla wüsste Rat?

Aber jetzt war es eh zu spät. Denn nun war die Begrüßungsrunde der Wassergeister zu Ende und wir hörten Wongan sagen: „Nun Yaibolla - wir haben noch jemanden mitgebracht."

Als ich vorsichtshalber noch einen Schritt zurückgehen wollte, stieß ich an Melanie.

„Tatsächlich?", krächzte Yaibolla fragend und blickte sich suchend um.

Melanie und ich duckten uns schnell. Aber es half nichts.

„Hier Papa, hier sind sie!", tönte ein Wassergeistkind freudig. Und schon schob es uns nach vorne.

„Ah, da seid ihr ja!" Wongan winkte uns erfreut zu sich her.

„Darf ich vorstellen: Freddi und Melanie, die Menschenkinder, die uns helfen wollen!" Wongan stellte sich zwischen uns und legte seine Arme rechts und links um mich und Melanie. Ein ganz schön schlabberiges Gefühl, die Arme eines Wassergeistes um sich zu haben!

Yaibolla war ziemlich klein, wenn man vor ihr stand. Von unten herauf blickte sie uns Menschen-Kinder an. „Aha, aha, sehr erfreut, euch zu sehen", krächzte sie. Und schon streckte sie mir die Hand zum Gruß hin.

„Ach du meine Güte! Nun wird sie mich bestimmt zwicken!", dachte ich und wollte meine Hand schnell hinter meinem Rücken verstecken. Aber da berührte mich auch schon die Zwickehand von Yaibolla – und wie seltsam! - es war eine ganz zarte Berührung!

„Oh, wie lieb sie ist!", dachte ich erstaunt – und blickte zu meiner Schwester, die genauso liebevoll begrüßt wurde. Nur gut, dass wir nicht weggelaufen waren! Yaibolla konnte uns bestimmt helfen!

Da schaute Yaibolla mich lächelnd an – hatte sie meine Gedanken lesen können? Es war klar, dass diese Krebsfrau besondere Fähigkeiten hatte – aber welche, das sollten wir noch erleben.

Auf Yaibollas Stühlen

„Nun aber herein mit euch in die gute Stube!" entschied Yaibolla und ging behutsam die zwei, drei Stufen zu ihrem Muschelhäuschen hinauf.

„Juhu, wir gehen ins Haus!" jubelten die Wassergeistkinder leise. „Jetzt wird es spannend!"

„Wie sollen wir denn alle in das kleine Häuschen passen" wunderte wir uns, als wir die Stufen hochstiegen. Denn in der

Tat war das Häuschen nur so groß, wie eine Muschel, eine riesige zwar, aber eben eine Muschel!

Doch - wie seltsam - da tat sich gleich hinter der kleinen, verwunschenen Haustüre ein prachtvoller, wunderbarer, funkelnder Saal auf. Auch die Wassergeistkinder staunten begeistert. Überall glitzerten Diamanten und Edelsteine an den Wänden und an der Decke. Der Boden war mit Gold und Silber ausgelegt.

Yaibolla führte uns an einen riesigen, runden Tisch, an dem viele Stühle standen. „Nehmt Platz, bitte" forderte sie alle auf. Und alle suchten sich einen geeigneten Stuhl. Es war seltsam: obwohl alle Stühle zuerst genau gleich groß ausgesehen hatten, verwandelten sie sich in dem Moment, in dem sich einer auf ihn setzte, in genau den Stuhl, den dieser brauchte: Das kleinste Wassergeist-ind bekam einen Kinderstuhl, der so hoch war, dass es wunderbar bis über den Tisch reichte. Ein anderes Wassergeistkind erhielt einen Stuhl, der aussah, wie ein kleines Auto, mit Lenkrad und Gaspedal, sodass es, während es am Tisch saß, Autofahren spielen konnte! Vater Wongan erhielt einen richtigen Chefsessel, mit gemütlicher, zurückklappbarer Lehne und Rollen an den Füssen.

Ich wartete erst mal ein bisschen ab. „Man weiß ja nie" dachte ich. Als ich guckte, wo meine Schwester war, entdeckte ich, dass sie auf einem Stuhl saß, der aussah, wie eine riesige, perlmuttfarbene Perle. Diese riesige Perle war an einer goldenen Schnur an der Decke befestigt, sodass Melanie gemütlich darin schaukeln konnte.

"Toll!" freute ich mich für sie. „Das ist ja supergemütlich!"

Da kam Yaibolla auf mich zu geschlurft und lud mich extra ein: „Komm, setzt dich. Auch auf dich wartet eine Überraschung!" Und bevor ich noch zögern konnte, nahm sie mich vorsichtig an ihre Zwickehand, die gar nicht zwickte, sondern ganz zart war, und führte mich direkt zu einem freien Platz neben Wongan, dem Wassergeist.

„Soll ich wirklich?" stutzte ich einen kurzen Moment. „Und wenn ich dann auf irgendeinem komischen Stuhl lande, der mit mir davon saust, wie eine Rakete?" Das dachte ich, denn ich ahnte ja nicht, auf was ich sitzen würde.

Aber sanft und doch sehr bestimmt drückte Yaibolla mich einfach von hinten auf den Stuhl nieder „Trau dich!"

Einen kurzen Moment knisterte, raschelte und brauste es – ein kurzer Ruck – und ich saß in einem Knoten! Es war ein riesig, dickes Tau, dass auf dem Boden lag und in das ein so großer Knoten gebunden war, dass ich mich in ihn bequem wie in einen Knautschsessel hinein kuscheln konnte. Das war super gemütlich! So einen wollte ich damals nämlich immer haben.

Yaibolla nahm neben mir auf der anderen Seite Platz. Ihr Stuhl verwandelte sich in einen Königsthron. Das hatte ich zwar nicht erwartet, aber es passte ziemlich gut.

„Nun denn, fangen wir an!" krächzte Yaibolla, schnippte mit ihren Zwickezangen in die Luft – und sofort war der Tisch gedeckt mit köstlichen Getränken und kleinen Häppchen für jeden.

Äußerst praktisch! Und sehr eigenartig, dass die Getränke in den Gläsern blieben, obwohl wir doch schon im Wasser waren. Aber nun ja, hier war ja anscheinend allerhand möglich.

Während sich alle an den Getränken und kleinen Speisen bedienten, fragte Yaibolla: „Nun erzählt mal, warum ihr hier seid!"

„Tja, " schmatzte Wongan, „also das ist so: Ich habe die Kinder Freddi und Melanie eingeladen, uns zu helfen bei der großen Rettungsaktion, du weißt schon, Yaibolla."

„Natürlich, natürlich", murmelte diese. „Erzähl endlich."

„Also", Wongan schluckte schnell einen guten Bissen hinunter „da war wohl der Neumond schon fast vorbei, als sie das Wassertor durchschritten. Und ihre Stimmen sind anscheinend nicht mehr mitgekommen! Jedenfalls" fügte er bestürzt an „sind sie jetzt stumm!"

„Stumm, wie ein Fisch" ergänzte ich in Gedanken. „Ich bin nur neugierig, wie Yaibolla das nun hinkriegen wird".

„Wenn es weiter nichts ist" sagte diese und strahlte über ihre kleine Brille hinweg alle an „das ist ja ganz einfach!"

Ich blickte sie fragend an. Wollte sie mit ihren Zwickezangen wedeln und uns die Stimmen wieder herzaubern?

Aber so einfach war es dann doch wieder nicht.

Doch Yaibolla sagte: „Das kriegen wir sogar gleich auf der Stelle wieder hin. Kommt einmal mit, ihr zwei." Und schon stand sie von ihrem Stuhl auf und schlurfte ohne einen Blick zurück davon.

Ich zögerte und schaute zu Melanie.

„Nun lauft schon" half eines der Wassergeistkinder „die ist total lieb. Die hilft euch!"

„Also gut", dachte ich. Meine Schwester sprang von ihrer Perlenschaukel.

„Da lässt sich wohl nichts anderes machen." Und ich tat es ihr nach, sprang vom Knoten, und schnell eilten wir Yaibolla nach, die in diesem Moment hinter einer der vielen Türen verschwand.

Auf Yaibollas Wasserturm

Hinter der Türe war ein ganz kleiner Raum, in dem eine sehr steile Wendeltreppe nach oben führte. Yaibolla war schon dabei, die Treppe mit ihren kurzen Krebsbeinchen nach oben zu tapsen. Ich zuckte die Achseln und begann, meiner Schwester hinterher zu steigen. Schritt für Schritt nach oben, immer im Kreis der Wendeltreppe herum.

„Allmählich wird mir schwindlig!" dachte ich. Aber es nahm kein Ende. Wir gingen und gingen. Immer im Kreis herum nach oben.

Yaibolla legte ein erstaunlich schnelles Tempo an den Tag, sodass wir mehr und mehr schnaufen mussten! Die Wendeltreppe stieg in diesem winzigen Zimmer, das wohl mehr ein Turm war, weiter und weiter nach oben. Man sah kaum etwas, so dunkel war es. Nur ab und zu befand sich ein kleines Fenster in dem Turm. Wir beugten uns im Vorbeigehen weit vor, um zu erkennen, wo wir waren. Nach und nach kamen wir höher, als die riesigen Zauberbäume vor dem Haus hoch waren. Und immer noch stiegen wir nach oben. Das Keuchen unseres Unter-Wasser-Atems und das Tapsen der Schritte war das einzige, was wir hörten.

Plötzlich merkten wir, dass wir nun ganz nahe der Wassergrenze gekommen waren: Man hörte Wellen schwappen und Melanie, die vor mir ging, drehte sich nach oben deutend zu mir um.

„Steigen wir wohl aus dem Wasser wieder hinaus?" dachte ich. Und genau so war es! Mit einem eigenartigen Schlorpen wanderten wir die Wendeltreppe weiter und befanden uns nun einfach über dem Wasser!

„Sehr eigenartig, ich kann ganz normal weiter atmen! Obwohl ich nun nicht mehr im Wasser bin. Bin ich also doch ein Mensch" dachte ich.

Beim nächsten Fensterchen blickten wir zwei wieder weit hinaus. Nun schon unter uns befand sich das riesige, endlose Meer. Wo war der Strand? Nichts zu sehen.

„Weiter, weiter" tönte da Yaibolla schon von weit oben. Melanie und ich mussten unseren Ausguck aufgeben und hechteten Yaibolla hinterher.

Aber Yaibolla tröstete: „Es dauert nur noch ein bisschen!"

Und endlich, endlich erreichten wir das Ende der Wendeltreppe: Es tat sich eine Plattform auf mit einer Türe, die ins Freie führte. Die verrostete Türe quietschte beim Öffnen.

Draußen empfing uns ein wirklich kalter, starker Wind. Mehr ein Sturm. Das kannten wir ja. Aber Melanie begann sofort zu schlottern, nass wie sie war.

Ich konnte ihre Gedanken ahnen: „Oh je, da erkälte ich mich bestimmt gleich" und hörte sie lautstark mit den Zähnen zittern und klappern.

Yaibolla bemerkte es und schob Melanie nach vorne an die Brüstung: „So, nicht lange gefackelt. Und nun wieder ab mit euch ins Wasser!" rief sie und deutete zum Geländer.

„Wie bitte?!" empörte ich mich in Gedanken. „Ich soll doch wohl nicht diesen hohen Turm hinunter springen! Die hat sie ja nicht alle!"

So verärgert war ich. Ähm, also eher ängstlich. Ich hielt mich am Geländer fest, denn in dieser Höhe schwindelte es mich etwas. Damals war ich ja noch nicht geübt, vom Zehner zu springen. Aber ehrlich gesagt: Von so hoch, wie dieser Turm hoch war, würde ich auch heute auf keinen Fall springen!

Weit unter uns tobte das Meer grau in grau. Der Regen hatte aufgehört. Nun nieselte es nur noch. Doch der Sturm blies uns lautstark um die Ohren.

Yaibolla wackelte mit ihrem kleinen Kopf nachdenklich hin und her.

„Ich erkläre es euch. Gehen wir aber noch einmal hinein. Hier draußen erkältet ihr Menschenkinder euch am Ende noch!"

Also ging Yaibolla noch mal hinein, wir folgten ihr.

„Es ist so" erklärte sie. „Ihr seid bei Neumond in die Wasserwelt gekommen. Eure Stimmen habt ihr beim Eintritt durch das Meerestor aber nicht mehr mitnehmen können. Dazu war es schon ein bisschen zu spät. Das holt ihr nun nach. Wir befinden uns hier im Meereszauberwald. Und hier, genau an dieser Stelle, könnt ihr noch einmal das Meerestuch hochheben. Auch ohne Neumond. Dazu müsst ihr nur die größte Welle erwischen, die am Turm hoch spritzt, und die Ecken wieder festhalten. Dann lauft ihr hier auf der Plattform draußen wieder drunter durch."

„So hoch kommen doch gar keine Wellen hin?" Ich blickte sie fragend an.

„In der Tat ist es ganz einfach!" sprach jedoch Yaibolla weiter.

„Jede 49te Welle ist sehr hoch, sodass ihr sie in dieser Höhe gut erreichen könnt. Ihr müsst nur gut mitzählen und bereit sein. Dann ist es ganz einfach. Habt ihr verstanden?"

Melanie nickte, als ob sie sagen würde „Hört sich ganz einfach an, wirklich!"

Ich aber zweifelte. Bis 23 konnte ich damals ja ganz gut zählen. Aber danach wurde es schwierig. Und 49 ist schon ganz schön weit gezählt, argwöhnte ich in mich hinein.

Doch meine Schwester packte mich einfach an der Hand, öffnete die Türe und schon standen wir wieder draußen. Weit unten klatschten die Wellen an den Turm.

„Mann, ist das kalt" dachte ich. Ich fror nun auch und zitterte – vielleicht aber auch aus Angst.

Aber Melanie hatte sich schon an das Geländer gelehnt und spähte vorsichtig nach unten.

Zählen!

Wir mussten unbedingt bereit sein, wenn die 49ste Welle kam! Aber welches war denn die 49ste? Konnten wir denn nicht einfach die höchste nehmen? Bestimmt wurden die nach und nach höher!

Aber als ich nach unten schielte, sah ich, dass die Wellen auf der Meeresoberfläche alle gleich niedrig blieben.

Ich hockte mich in den Windschatten neben der kleinen ver-rosteten Türe.

Plötzlich drehte sich Melanie aufgeregt zu mir um und fuchtelte wie wild mit den Händen herum. Ich sprang auf und rannte in ihre Richtung.

Aber es war zu spät: Schon donnerte eine riesige Welle über uns hinweg, ohne, dass wir sie hatten packen können. Schlimmer noch: Ich wurde von ihrer Kraft umgeworfen.

„Ich falle! Gleich falle ich!", dachte ich und spürte, wie ich ein Stückchen mitgerissen wurde, genau auf den Abgrund zu!

Ich ruderte mit meinen Armen, griff ins Leere - doch da erwischte ich gerade noch das Geländer und hielt mich mit aller Kraft daran fest. Die riesige Welle fiel ohne mich weit hinunter zum Meer.

„Gleich kommt die nächste Welle!", dachte ich, machte die Augen zu und packte das Geländer noch fester. Doch sie kam nicht - die nächste Welle war wieder viel niedriger und erreichte nicht einmal die Plattform.

„Uff. Was war denn das?", dachte ich und schaute in das verblüffte Gesicht meiner Schwester. Da öffnete sich die Türe quietschend und Yaibolla erschien besorgt bei uns.

„Oh je, oh je. Das ist ja gerade noch einmal gut gegangen", jammerte sie.

„So eine Riesenwelle. Das wird immer schlimmer. Die Wasserelemente sind ganz durcheinander. Gut, dass ihr nun da seid, um das alles wieder in Ordnung zu bringen.“

Ich rappelte mich wieder auf und schüttelte mich. Das war ja wirklich gerade noch einmal gut gegangen!

Ich schielte nach unten. Wenn mich die Welle mit hinuntergerissen hätte, würde ich jetzt da unten irgendwo schwimmen… also, eher nicht schwimmen, denn damals konnte ich es ja noch nicht so gut.

Yaibolla lief zum Geländer. „Nun konntet ihr wieder nicht die Wellen zählen!“ Besorgt stellte sie sich auf die Zehenspitzen und blickte nach unten. Es war nur ihr leises Murmeln zu hören.

„33, 34, 35. Ja, so stimmt es! Schnell Kinder, stellt euch auf und zählt mit!“, rief sie plötzlich und ließ, weil sie zu uns sprach, die Zahl 36 aus.

„37, 38, 39!“

Ich packte Melanie an der einen Hand, mit den freien Händen hielten wir uns am Geländer fest. Ich sah nach unten: Tatsächlich, die Wellen bewegten sich deutlich sichtbar. Als ich zu meiner Schwester schaute, bemerkte ich, dass sie mit den Lippen unhörbar mitzählte: „40, 41, 42“

Da hörten wir Yaibolla rufen: „Ich muss wieder ins Haus! Sonst werde ich weggeschwemmt!"

Und die kleine Krebsfrau Yaibolla humpelte mit wehender Schürze auf ihren alten Füßchen schnell zur Türe, hinter der sie verschwand.

Ich schaute zu Melanie, die mit weit geöffneten Augen die Wellen unhörbar mitzählte: „46, 47, 48!"

In diesem Moment donnerte die enorme 49ste Welle über die Plattform. Wir ließen unsere Hände los und versuchten, jeder ein Stück Wasser zu packen.

„Ich erwisch es nicht!", dachte ich.

Aber ich griff noch einmal zu, merkte, dass ich das Wassertuch doch erwischt hatte, zog es über mich und rannte drunter durch. Im Rennen sah ich, dass Melanie neben mir lief.

„Geschafft!", jubelte ich – und hörte, dass meine Stimme wieder da war!

In dem Moment schwappte die Welle schon über uns hinweg und Melanie fiel hin und rutschte auf das Geländer zu, dem Abgrund entgegen!

„Hilfe!", schrie sie schrill.

Ich packte zu, erwischte sie gerade noch am Fuß, oberhalb ihres Gummistiefels, und hielt sie mit aller Kraft fest. Die Welle fiel ohne Melanie weit hinunter zurück ins Meer.

Wir blickten ihr von oben aus nach.

„Uff. Nochmal Glück gehabt", seufzte Melanie erleichtert und fiel mir um den Hals.

„Wir haben unsere Stimmen wieder!" freute ich mich. „Und wir sind nicht abgestürzt!" Ich schaute hinunter ins tobende Meer, weit, weit unter uns.

Da kam auch schon Yaibolla aus dem Treppenhaus heraus und lachte froh mit ihrer alten, krächzenden Stimme.

„Das habt ihr gut gemacht! Wirklich prima!" Und mit ihren kurzen Armen umarmte sie Melanie und mich.

„Es freut mich sehr. Ihr seid sehr mutig! Da hat Wongan eine gute Wahl getroffen für diese schwierige Aufgabe, die euch bevorsteht!"

„Aufgabe, Aufgabe!", wiederholte ich aufgebracht. „Ich höre immer nur Aufgabe! Bis jetzt haben wir noch gar nichts gemacht und sind schon ewig hier! Was wohl Mama und Papa dazu sagen werden, wenn wir so lange nicht heimkommen!"

Ich war damals ja noch ein Kindergartenkind und machte mir nun schon Sorgen um meine Eltern. Und sicherlich machten sie sich Sorgen um uns! Bestimmt waren sie schon längst vom Einkaufen zurück und vermissten uns.

Aber Yaibolla lächelte leise in sich hinein: „Da macht euch nur mal keine Gedanken" erwiderte sie zuversichtlich.

„Und jetzt runter mit euch ins Warme." Und ehe wir es uns versahen, zog sie Melanie und mich die Türe hinein zum oberen Ende der Wendeltreppe.

Die Stufen hinunter lief es sich nun fast von alleine. Unsere Füße tippten und tappten – Yaibollas Füße kratzten. Immer im Kreis herum, herum, herum… wie im Karussell.

„Oh, mir wird schwindlig!", rief ich lachend und rannte die Stufen hinunter. Da waren wir schon an der Wassergrenze. Ganz einfach lief ich in das Wasser hinein – da war ich wohl wieder eine Art Fisch – denn das Atmen klappte auch hier ganz einfach. Nur mit dem Rennen war es jetzt vorbei – das Wasser bremste doch recht unangenehm auf dem lustigen Kurven-Weg nach unten.

„Ich schwimme lieber!" rief ich - und meine Stimme klang ziemlich wässrig!

Kaum hatte ich Zeit, darüber nachzudenken, was für eine Aufgabe uns denn nun bevorstand. Aber wenn ich geahnt hätte, welchen Schrecken wir noch erleben sollten, wäre ich möglicherweise nicht so froh nach unten geschwommen.

Die Aufgabe

Im Saal angekommen, wurden wir schon neugierig erwartet.

„Und, wie hat es geklappt?", fragte Wongan.

„Wunderbar!" begrüßte ihn Melanie.

„Unsere Stimmen sind wieder da! Vielen Dank auch, Yaibolla!"

„Nun, dann können wir uns ja endlich daran machen, euch eure Aufgabe ausführlich zu erklären", fuhr Wongan fort.

„Das wird aber auch höchste Zeit!", empörte ich mich!

Aber Yaibolla hob beschwichtigend ihre Zwickehände.

„Nun, setzt euch noch einmal", schlug sie vor.

„Wongan, du kannst den Kindern ihre Aufgabe genauso gut hier erklären. Dazu müsst ihr nicht erst wieder heimfahren", entschied sie.

Erneut schnippte sie mit ihren Zwickehänden und sofort füllten sich Teller und Gläser wieder mit den besten Speisen und Getränken.

„Hmm!", frohlockte ich „nun schmeckt es gleich noch einmal so gut!", und stopfte nach dieser großen Anstrengung ein großes Stück Meereshäppchen in mich hinein. Wenn schon eine schwierige Aufgabe zu lösen war, war es wahrscheinlich angebracht, dass wir uns noch einmal richtig stärkten. Und solche Speisen hatten wir in der Tat bisher noch nicht gegessen.

„Also hört zu", ließ sich Wongan vernehmen.

„Die Sache ist folgende: Die Meereselemente sind durcheinander, weil die Menschen so viel Dreck, Lärm und Unruhe veranstalten und gar nicht gut achtgeben auf die Natur."

Melanie und ich hörten auf zu essen und guckten Wongan mit großen Augen an. Das hatte ich damals auch schon mitbekommen, dass man sich wohl ziemlich gut um die Natur kümmern musste! Und dass manche Menschen in ihren Fabriken wirklich nicht gut aufpassten und viel Dreck und so was entstand. Oder dass manche Menschen mit Wasser ganz so umgingen, als reiche es ewig! Oder dass manche einfach so mit dem Auto fuhren, obwohl sie genauso gut mit dem Fahrrad fahren oder zu Fuß laufen konnten. Oder dass viele Menschen mit dem Flugzeug flogen, was ganz besonders viel Dreck in die Luft pustet.

„Also, ihr zwei, Melanie und Freddi, ihr könnt nicht alleine etwas dafür. Aber ihr könnt helfen, dass es wieder besser wird!"

Melanie nickte. „Ja gerne, ich mag gerne helfen", sagte sie. „Ich mag nämlich die Natur! Ich gehe so gerne in den Wald und auf die Wiesen und ans Meer! Was müssen wir tun?"

Meine Schwester liebte es genauso wie ich, draußen zu spielen.

Da wurde es auf einmal mucksmäuschenstill. Auch die kleinen Wassergeisterkinder, die zuvor noch mit ihrem Besteck lautstark geklappert hatten, verhielten sich ganz leise. Nun war es Yaibolla, die sprach:

„Ihr müsst eine Kette auffädeln. Eine riesige Kette mit vielen Perlen."

Melanie schaute auf ihren Perlenstuhl, in dem sie so bequem auf der riesigen Perle saß – und da begriff auch ich sofort: „Ach, deshalb also mein Knotensitz! Das ist die Schnur dazu!"

Yaibolla und Wongan nickten.

„Genau", fuhr Yaibolla weiter fort.

„Aber nur als Zeichen. Die echte Schnur und die echten Perlen, die ihr auffädeln sollt, die müsst ihr noch suchen."

„Klar!", sagte ich. „Das ist bestimmt ganz einfach!" Im Suchen und Finden von verlorenen Sachen war ich nämlich spitze! Immer, wenn jemand aus unserer Familie etwas im Haus verlegt hatte, fragte er mich – und ich fand es. Also fast immer.

„Erzähl weiter!", bat ich Yaibolla.

Und sie fuhr fort: „Ihr sammelt die Perlen der guten Ideen. Dazu müsst ihr in die Höhle der Constructa hinabsteigen. Sie hat alle guten Ideen aufgehoben, die es gab und die es noch geben wird. Diese hütet sie wie ihren eigenen Schatz. Sie gibt ihn nur dem her, der die Perlen wirklich nicht für sich behält, sondern sie weitergibt!"

Melanie schluckte. Das klang irgendwie unheimlich. Wer weiß, vielleicht war diese Constructa ein wildes Vieh mit drei Köpfen oder so! Die jeden schnappte, der in ihre Nähe kam!

„Also Freddi, ich weiß nicht..." Sie blickte mich zögernd an.

„Nun lass uns doch erst mal hören, wie es weitergeht!" entgegnete ich. Musste sie denn immer so besorgt sein!

Yaibolla fuhr fort: „Die Perlen müsst ihr dann auf zwei Ketten fädeln. Eine schenkt ihr der Prinzessin Julina-Tschako, der Frau von Wongan. Sie regiert nämlich die Wasserelemente, müsst ihr wissen."

„Ach, so eine besondere Frau hast du?" wunderte ich mich. Nicht, dass ich dem Wassergeist Wongan nicht gegönnt hätte, dass er eine Prinzessin als Frau hatte. Aber immerhin war er ein Wassergeist. Ich hatte nicht damit gerechnet, dass seine Frau eine echte Prinzessin war!

„Prinzessin Julina-Tschako, Wongans Frau, weiß dann Bescheid, dass alles gut wird" erzählte Yaibolla weiter.

„Sie hütet diese Kette dann als Zeichen, dass die Menschen wieder bereit sind, mit den Naturelementen zusammenzuarbeiten. Die andere Kette nehmt ihr mit nach Hause und gebt jedem Menschen, der mithelfen mag, eine Perle davon. Als Erinnerung und als Zeichen, was er tun soll. Und dass er auch wirklich mitmacht.“

Ich schaute zu Melanie: „Das hört sich doch gar nicht so schwierig an. Los, das machen wir!“

Melanie zögerte noch immer: „Na, ich weiß nicht! Wer ist denn eigentlich diese Constructa?“ wandte sie sich wieder an Yaibolla.

Da wurde Yaibollas Stimme ganz leise: „Noch niemand von uns heutigen Wasserwesen hat Constructa je gesehen. Vor langer, langer Zeit hat sie sich in ihrer Höhle versteckt um ihre Perlen der guten Ideen zu hüten. Sie hat Angst, dass ihr Schatz gestohlen wird. Und dass jemand die Perlen kaputt macht.“

Und Wongan ergänzte flüsternd: „Mein Großvater hat erzählt, dass sein Großvater einmal gehört hat, dass Constructa keine Augen hat, aber dafür umso mehr Arme.“.

„Meinst du, wir sollen das wirklich machen?“ wandte sich Melanie wieder ängstlich an mich.

Ich nickte: „Na klar! Das ist bestimmt ganz einfach.“

Ich weiß nicht, woher das kam. Aber ich hatte überhaupt keine Angst mehr. Seit ich da oben auf dem Wasserturm rechtzeitig Melanies Fuß erwischt hatte, fühlte ich mich ganz stark.

„Und dann will ich nämlich auch mal wieder nach Hause", fügte ich an und fühlte mich sehr wichtig!

Ich stand auf: „Also, wo ist nun diese Höhle der Constructa?"

Da hüpfte Wongan von seinem Chefsessel auf: „Ich hab`s gewusst, dass ihr mitmacht. Ich hab`s gewusst! Vielen, vielen Dank!"

Und er umarmte mich stürmisch und zog die zögernde Melanie gleich auch noch von ihrem Stuhl. „Kommt, ich bringe euch gleich zum Höhleneingang!"

Da riefen all die vielen Wassergeistkinder lautstark: „Wir fahren auch mit! Wir gehen mit. Ich auch, ich auch!"

Wongan schüttelte entsetzt den Kopf: „Nein, das geht auf keinen Fall! Ihr seid viel zu laut. Wenn Constructa hört, dass jemand kommt, verkriecht sie sich bestimmt ganz tief hinein in ihre Höhle. Dann finden Melanie und Freddi den Schatz nie und nimmer!"

Aber sie bettelten weiter: „Ach bitte, Papa. Wir sind auch bestimmt ganz leise! Bitte, bitte!" Und die kleinsten jammerten und rieben sich ihre weinenden Äuglein. Wongan schaute Melanie und mich an, dann Yaibolla.

„Was meint ihr dazu?", fragte er.

Melanie zuckte die Schultern: „Ich weiß auch nicht...", zögerte sie.

Aber plötzlich hatte ich so eine Idee. Und ich bestimmte: „Doch, die fahren mit. Vielleicht können sie uns helfen! Man weiß ja nie!"

Da seufzte Wongan erleichtert auf: „Na prima, dann kommt alle!" Ich glaube, er war sehr froh, dass er seine vielen Kinder jetzt nicht noch lange überreden musste, hierzubleiben.

Während des allgemeinen Aufbruchs ging Melanie leise zu Yaibolla: „Geh doch bitte auch mit, Yaibolla. Vielleicht kannst du uns auch helfen!"

Da nickte Yaibolla: „Ja, das ist eine gute Idee. Vielleicht kann ich euch behilflich sein. Ich muss nur noch schnell den Tisch abdecken, damit nichts verdirbt."

Und mit einem Zangenschnippen forderte sie alle Esssachen auf, sich selber aufzuräumen. Und huiiii flogen die Esssachen in den Kühlschrank, die Teller und Tassen aber in die Spülmaschine.

„Wie praktisch!", bemerkte Melanie. „Das bräuchten wir zu Hause auch!"

Draußen stapelten sich wieder alle, jetzt einschließlich Yaibolla, in Wongans Fahrzeug.

Und los ging die wilde Fahrt, hinaus aus dem Meeres-Zauberwald und kreuz und quer durch das Meer.

Nur von Ferne sah man noch das silberne Schimmern der aufsteigenden Zauberblasen, die den Wald in ein leises Singen zu hüllen schienen.

Constructas Höhle

Endlich gelangten wir in eine ganz öde, karge Gegend. Hier wuchs kaum ein Gewächs, nur hie und da ein kleines Korallenbäumchen. Aber Steine lagen herum, Steine, Steine und noch mal Steine. Steine in allen Farben und Schattierungen. Es war herrlich.

Melanie stupste mich an: „Da, guck mal, was für ein wunderbarer purpurner Felsen dort!"

Gleich dahinter einer in zart schimmerndem Grün, der beinahe phosphoreszierte.

„Und hier, einer in hellblau – schau mal das tolle Muster!"

Es war einfach phänomenal. Ich liebte Steine! Wenn wir draußen im Wald waren, entdeckten Melanie und ich immer die wunderbarsten Steine, die wir dann einsammelten und mit nach Hause nahmen. Melanie hatte ein großes Einmachglas, in das sie die schönsten Steine legte. Als es einmal voll war, schüttete sie alle Steine im Garten an eine bestimmte Stelle. Und fing mit dem Befüllen ihres Glases wieder von vorne an. Ich selber legte meine vielen Steine lieber überall in meinem Zimmer aus. Ich glaube, das ist den Steinen lieber, wenn sie nicht eingesperrt sind. Aber meine Mama findet das gar nicht so toll. Sie sagt, dann kann niemand sauber machen. So staubsaugen wir jetzt immer um die vielen Steine herum.

Auf dem Weg zu Constructas Höhle kamen wir aus dem Staunen nicht mehr heraus. Auch alle Wassergeistkinder konnten nicht anders als sich gegenseitig die verschiedenartigen bunten Steine mit „aah, dort, sieh mal!" und „wow, der gelbe da vorne" und „oh, so einen habe ich ja noch nie gesehen!" zu zeigen.

Bis Wongan endlich leise ausrief: „Zum Kuckuck, nun seid aber mal still! Wir sind gleich bei Constructa!"

Da verstummten augenblicklich alle Geräusche und nur noch das Tuckern des Motors war zu hören. Wongan drosselte die Geschwindigkeit, sodass auch dieser noch leiser wurde. Ganz sanft glitten wir über den bunten Steinen und Felsen dahin. Schließlich legte Wongan seinen Finger auf den Mund und machte „pssst!" –obwohl ja gar nichts mehr zu hören war.

„Dahinten ist es!", flüsterte er aufgeregt und deutete nach vorne. Tatsächlich: zwischen den bunten, schillernden Felsen öffnete sich ein dunkler, unheimlich wirkender Höhleneingang.

Melanie wurde ganz aufgeregt.

„Freddi, sollen wir nicht lieber doch umdrehen?" flüsterte sie mir kaum hörbar ins Ohr.

„Auf gar keinen Fall!", raunte ich ebenso leise zurück. „Nun sind wir doch gleich am Ziel!"

„Am Ziel, am Ziel", entgegnete Melanie „du hast gut reden! Die Suche nach Constructas Schatz hat doch gerade erst angefangen!"

Aber ich machte auch nur „psst", legte den Finger auf meinen Mund und schaute sie streng an.

Wongan parkte geschickt das Fahrzeug hinter einem großen Felsen, sodass es vom Höhleneingang nicht zu sehen war.

„Nun geht es los!" flüsterte er. „Weiter kommen wir nicht mit dem Fahrzeug. Ihr müsst zu Fuß hingehen."

Also stieg ich aus und nahm Melanie an der Hand.

„Los, komm!" wisperte ich entschieden und wollte schon losgehen. Je eher wir es hinter uns brachten, desto besser. Denn insgeheim war ich nicht ganz so sicher, wie lange mein Mut und meine Tatkraft noch anhalten würden. Der Höhleneingang erschien mir tatsächlich sehr dunkel. Und was wir von

Constructa gehört hatten, war auch eher unheimlich als beruhigend.

Da hörten wir Yaibolla ganz leise: „Wartet einen Moment! Ich hab hier noch etwas für euch. Das wird euch bestimmt von Nutzen sein!"
Sie klappte mit ihren Zwickezangen in die Luft - da hielt sie wundersamerweise eine kleine Kugel in der Hand.
„Hier, für euch!"
Melanie nahm die Kugel verwundert entgegen.

„Guck mal, wie die leuchtet!", flüsterte sie aufgeregt und hielt sie mir hin. Ich nahm sie ganz vorsichtig in die Hände. Es war eine Kugel aus einer Art Stein, die innen drinnen ganz zart glimmte. Ich drehte sie vorsichtig hin und her, da begann sie innen drinnen mehr und mehr zu strahlen, immer heller und heller.
„Huii, die wird ja immer heller!" Erschrocken hielt ich meine kleine Hand darüber, die jedoch nur die halbe Kugel abdeckte.
Verängstigt rief ich: „Yaibolla, wie macht man die wieder aus? Constructa wird uns noch entdecken!" Ich schielte zum Höhleneingang, aber zum Glück war nichts zu sehen.
„Keine Sorge, das geht ganz einfach."

Yaibolla nahm mir die Kugelsteinlampe vorsichtig ab, hielt sie über ihren Kopf und bewegte sie vorsichtig von oben nach unten. Da wurde sie sofort dunkler und als die Kugel ganz unten war, war das Licht aus.

„Toll! Und wie geht sie wieder an?" Jetzt war ich ehrlich neugierig!

„Genauso, wie du es vorhin gemacht hast!"

Yaibolla bewegte die Kugel hin und her – und sie begann wieder zu leuchten.

„Schnell, mach sie wieder aus!" Melanie war sehr aufgeregt.

Also machte Yaibolla die Lampe wieder aus und gab sie mir zurück. Ich nahm sie und deckte vorsichtshalber ein Stück meines Anoraks darüber, damit das Leuchten nicht so weit in die Höhle dringen konnte, falls sie zufällig von alleine angehen sollte.

Hätten wir damals besser nachgedacht, dann hätten wir gewusst, dass das ganz und gar unnötig war.

„Vielen Dank, Yaibolla! Die Lampe ist richtig praktisch. Nun aber wirklich los!"

Ich winkte den anderen zu und tat sehr mutig.

„Bis nachher also!", rief ich betont lässig, nahm Melanie bei der Hand und schritt beherzt in Richtung Höhle.

Was für ein Schreck

Als wir den Eingang erreicht hatten, spähten wir vorsichtig hinein. Es war kaum etwas zu sehen.

„Wow, ist es da dunkel" zischte ich Melanie ins Ohr.

„Da geh ich nicht rein" entschied Melanie und setzte sich entschlossen auf einen Felsen.

„Du kannst mich doch hier nicht alleine reinlassen!" Ich war empört. „Nun komm schon!" Ich zerrte Melanie hoch.

„Na gut." Widerwillig ließ sie sich von mir mitziehen. Ganz vorsichtig stiegen wir an der Steinwand entlang in die Höhle hinein. Es war sehr dämmerig da drinnen. Und ganz still. Schritt für Schritt tasteten wir uns vorwärts. Allmählich konnten wir nur noch fühlen, wie der Weg weiterging, so dunkel wurde es.

Seid ihr schon mal im Dunkeln wo gelaufen? Ganz ohne Licht? Oder mit Augen zu, ohne sie auch nur einen Spalt aufzumachen? Manchmal machte ich das mit Melanie aus Spaß, abends im Winter, wenn es so früh dunkel wird. Das ist lustig, denn man kann die Augen jederzeit aufmachen oder das Licht anschalten.

Hier in der Höhle war kein Lichtschalter – und ich hatte die Augen bereits ganz weit offen, ohne auch nur einen Hauch zu erspähen. Ich musste einfach sehen, wo wir waren!

„Warte mal, ich mach die Lampe an", entschied ich.

„Du spinnst wohl! Damit uns Constructa gleich sieht! Lass bloß aus!" Melanie zog mich am Ärmel entschieden weiter.

„Das geht schon so. Wir sind bestimmt gleich da!"

Einige Zeit tasteten wir uns blind vorwärts. Nur unsere leisen Schritte waren zu hören. Ach ja, und ab und zu ein ganz leises Plätschern.

„Hörst du das auch?" wunderte sich Melanie.

„Ja, das hör ich schon eine ganze Zeit lang. Wir müssen ganz nah an der Wasseroberfläche sein!", nickte ich.

Leise gingen wir weiter. Nur an unseren Schritten merkten wir, dass der Boden nun ganz leicht bergan stieg.

Da kam ein neuer Ton dazu: Ganz leise war ein Singen oder Summen zu hören. Ich bekam eine Gänsehaut. Je weiter wir jedoch kamen, desto besser war es zu hören. Allmählich entstand aus dem Singsang eine bezaubernde, liebliche Melodie.

„Wie wunderschön!" Melanie blieb stehen. „Mir wird ganz warm von dem schönen Gesang."

„Ja, wirklich toll!" Auch ich blieb stehen. Ich fühlte mich plötzlich so leicht und unbeschwert. Obwohl es ganz dunkel war, fühlte ich mich jetzt ganz ohne Sorgen.

Und auch Melanie bemerkte: „Ich hab überhaupt keine Angst mehr!"

Doch in diesem Augenblick ertönte in das friedliche Singen ein überlautes „Ha-Tschiii!" knapp hinter uns.

„Iiih!" Melanie schrie vor Schreck auf.

Ich machte ein paar Hüpfer nach vorne.

„Was war das?" Melanie zitterte vor Entsetzen.

„Da hat jemand geniest!", sagte ich – vor Schreck nun gar nicht mehr leise flüsternd.

Melanies Herz klopfte wie rasend.

„Mach mal Licht – schnell!", forderte sie mich auf und ich schüttelte die Kugellampe.

Sofort fing diese innen drinnen zu leuchten und zu strahlen an – da begann sich auch schon das Leuchten und Strahlen an den Wänden, Felsen und Steinen in der Höhle zu brechen, zu spiegeln, wurde heller und heller. Sämtliche Farben des Regenbogens leuchteten in nie gesehener Strahlkraft überall in der Höhle, reflektierten sich gegenseitig, sodass es immer noch heller und noch heller wurde.

„Ohh, wie hell!", stöhnte ich erschrocken, so geblendet war ich, und begann schnell, die Lampe von über meinem Kopf nach unten zu bewegen, damit sie ausging. Aber in dem Moment, als das Licht eine normale Helligkeit erreicht hatte, bemerkte ich eine Bewegung gleich hinter einem nahen Felsen. Ich stoppte die Lampe und richtete sie als Schweinwerfer in die Richtung.

„Na, wen haben wir denn da!"

Zusammengekauert saß völlig verstört und verängstigt eines der jungen Wassergeistkinder hinter dem Felsen und zitterte vor lauter Schreck.

„Ich, ich - bin euch nachgegangen. Ich wollte Constructa auch sehen. Ich dachte, ich gehe heimlich mit", stotterte es.

„Na, das ist dir ja geglückt." Melanie beruhigte sich wieder einigermaßen. Sie liebte kleine Kinder! Und das Wassergeistkind war so ein kleines Kind. Das konnte nichts Schlimmes sein. Schnell eilte sie auf es zu und drückte es beruhigend an sich.

„Du machst ja Sachen. Komm, beruhige dich wieder. Ist ja nichts passiert.", tröstete sie es.

„Nein, gar nichts!!", empörte ich mich. Mein Herz klopfte so heftig, dass ich glaubte, man konnte es über dem Anorak noch wackeln sehen. „Nur, dass die Höhle überhell war und nun alle wissen, dass wir da sind" schimpfte ich. Ich musste so zetern. Ich musste meinen Schrecken irgendwohin lamentieren.

„Nun können wir das Licht gleich anlassen. Also kommt!", entschied ich und strebte weiter nach vorne. Denn etwas anderes konnten wir ja nicht tun, außer weiterzugehen. Oder zurückzugehen. Aber dann wäre alles Bisherige umsonst gewesen. Und außerdem wollten wir doch helfen, dass die Wasserelemente sich wieder beruhigten.

Ich stapfte heftig in den Sand unter mir, um mich abzureagieren. Und allmählich beruhigte ich mich wieder so einigermaßen. Jedenfalls hörte das heftige Herzklopfen auf.

Wenn das nur gut ausging. Vielleicht hatte ich vor der Höhle mit meinem Mut doch ein bisschen zu sehr geprahlt…

Constructa

Ich schritt voran und hielt vorsichtig die halbhelle Lampe vor mich. Melanie führte das Wassergeistkind hinter sich her. Wachsam gingen wir an der Höhlenwand entlang, zwischen all den leuchtenden, strahlenden Farben der glänzenden Steine.

Das Singen hatte aufgehört. Nur das Plätschern war noch zu hören.

„Wie heißt du eigentlich?", fragte Melanie da das Wassergeistkind.

„Ich heiße Quirli."

In dem Moment sah ich es und blieb stehen: „Da! Da vorne ist Constructa!"

Ich deutete weit nach vorne. Ja, da war sie.

Eine Art Krake in strahlendem Weiß, das von innen zu leuchten schien, mit vielen, vielen Armen saß am Ende der Höhle, wo das Licht der Kugel-Lampe nur ganz schwach hin leuchtete.

„Die sitzt auf ihrem Schatz!" Quirli war ganz aufgeregt.

„Und hält ihn mit ihren Armen fest", ergänzte Melanie mutlos. „Wie sollen wir jemals diese vielen Perlen unter Constructas Armen rausholen. Das merkt die doch sofort."

Und tatsächlich: Constructa bewegte vorsichtig wie ein Blinder ihre Arme hin und her, tastete im Wasser herum um zu fühlen, ob jemand kam. Die anderen vielen Arme hatte sie schützend auf ihre perlmuttfarbenen Perlen gelegt. Und jetzt merkten wir auch, woher das Plätschern kam – Constructa saß ganz nahe unter der Wasseroberfläche, sodass die Wassergrenze hier schon die oberen Steine der Höhle erreichte.

Oberhalb der Meeresgrenze schien es ganz dunkel zu sein – vielleicht war schon die Nacht gekommen.

„Lasst uns erst mal überlegen." Ich setzte mich hinter einen Felsen, der smaragdgrün leuchtete. „Da haben wir ja wirklich fast keine Chance" flüsterte ich ganz leise.

Melanie setzte sich neben mich, dazwischen Quirli.

„Also, was müssen wir machen?", fragte Melanie und fuhr selber weiter fort: „Wir müssen Constructas viele Ideen, die die Perlen sind, sammeln und auf zwei Ketten auffädeln."

„Aber Constructa hält die Perlen fest. Und, wie ich die so sehe, weiß sie längst, dass wir da sind", ergänzte ich.

Mutlos schwiegen wir. Zwischen den Steinen spähten wir vorsichtig zu Constructa. Ihre unteren Fangarme lagen immer noch schützend auf ihren Perlen, mit den oberen tastete sie im Wasser herum.

„Ich hab eine Idee!", meldete sich da Quirli zu Wort.

„Sehen kann Constructa doch anscheinend eh nichts. Ich mach mich noch dazu unsichtbar und hole einfach die Perlen."

„Wie willst du das denn machen! Die erwischt dich doch gleich!" Ich war immer noch ein bisschen ärgerlich auf den kleinen Kerl. „Man kann doch nicht einfach so loslegen."

„Aber lass es Quirli doch wenigstens versuchen!" Melanie wandte sich an Quirli. „Wie willst du denn die Perlen zwischen ihren Fangarmen rausziehen?"

„Ähm-", zögerte Quirli, „also, ich schwimm da hin und zieh sie einfach raus. Muss halt schnell gehen!"

„So eine blöde Idee. Das klappt nie und nimmer!" Empört schüttelte ich den Kopf. „Wenn sie dich bemerkt und erwischt, dann kommen wir überhaupt nicht mehr an die Perlen ran!"

Ja wirklich: So eine blöde Idee! Wenn der kleine Wassergeist nicht heimlich mitgekommen wäre, wäre Constructa nicht gewarnt worden und wir wären jetzt vielleicht schon an sie herangekommen, ohne dass sie etwas gemerkt hätte, und hätten mit ihr gesprochen.

Ich stockte.

Ja! Genau, das war es!

Man musste nicht einfach heimlich die Perlen stehlen! Man musste mit Constructa reden und sie bitten, dass sie einem die Perlen gibt!

Aufgeregt wandte ich mich an Quirli: „Wie war das, Quirli, du kannst dich unsichtbar machen?"

Quirli nickte großspurig: „Natürlich! Das können doch alle Wassergeister." Man merkte, dass er froh war, dass ich wieder vernünftig mit ihm sprach!

„Dann könntest du doch Constructa unsichtbar ganz nahe kommen!" Ich war ganz angespannt. Erst viel später merkte ich, wie dumm wir damals waren. Irgendwie hatten wir vergessen, dass Constructa sowieso gar nichts sehen konnte, weil sie ja keine Augen hatte. Allerdings wussten wir das damals noch nicht mit Sicherheit.

Quirli aber antwortete sofort: „Natürlich kann ich ihr unsichtbar nahekommen!"

„Und dann könntest du Constructa eine Botschaft von uns ins Ohr flüstern!"

Nun mischte sich Melanie wieder ein: „Für was soll das denn gut sein?"

„Dann kann sie sich erst mal in Ruhe anhören, um was es geht!" Ich war aufgestanden vor lauter Aufregung. „Wenn Quirli ihr erzählt, dass wir die Perlen nicht für uns wollen, sondern als Hilfe für die Wasserelemente, dann gibt Constructa sie vielleicht heraus!"

Melanie hüpfte auf: „Tatsächlich! Eine Super-Idee!" Nun hatte sie auch verstanden. „Quirli, meinst du, dass du das schaffst?"

„Aber natürlich!" Quirli tat ganz groß. „Das ist doch ganz einfach. Bin schon unterwegs."

Aber ich hielt ihn zurück: „Warte noch! Weißt du auch genau, was du sagen musst?"

Da wurde Quirli sehr ernst: „Natürlich. Meine Eltern reden doch beinahe nur noch von dieser Sache, seit ich denken kann: Von dem Durcheinander der Wasser-, Feuer-, Erd- und Luftelemente. Davon, dass die Menschen nicht mehr gut aufpassen auf die Natur. Davon, dass es nur den Menschenkindern zusammen mit den Elementen gelingen kann, das wieder heil zu machen… Ich weiß genau, was ich sagen muss."

Ich nickte ernst.

„Also gut. Viel Erfolg, Quirli!", sagte ich und strich dem kleinen Wassergeist sanft über den Kopf.

„Ja. Viel Glück!" Melanie umarmte ihn zärtlich.

Melanie und ich versteckten uns wieder hinter unserem großen Stein. Von dort beobachteten wir, wie Quirli ganz vorsichtig am Rand der Höhle entlang auf Constructa zuging.
„Hoffentlich schafft er es", flüsterte ich Melanie ins Ohr.
„Ich glaube schon. Schließlich ist er ein ganz gescheites Kerlchen." Melanie war sehr zuversichtlich. „So klein er auch ist. Aber wo ist er denn eigentlich? Ich sehe ihn ja gar nicht mehr!"
Auch ich kniff angestrengt die Augen zusammen und guckte in Richtung Constructa. „Weg, einfach weg! Er hat sich tatsächlich unsichtbar gemacht. Nun heißt es Daumen-drücken!"
Ganz feste hielten wir unsere Daumen und spähten dabei in Constructas Richtung. Die saß immer noch in ihrer Wachstellung über den Perlen und hielt alle ihre Fangarme darüber. Außer dem Plätschern war nichts zu hören. Die Steine glitzerten in aller Farbenpracht – aber uns war nicht danach, uns daran zu erfreuen. Wenn man im Wasser schwitzen könnte, wäre mir vor Aufregung ganz heiß geworden.
Und in der Tat stand nun wirklich eine große, aufregende Aufgabe vor uns.

Die Perlen

Plötzlich sahen wir, dass Constructa zusammenzuckte.

Quirli war bei Constructa angekommen!

„Jetzt flüstert Quirli zu ihr." Ich machte meinen Hals ganz lang, um besser hinsehen zu können.

Constructa hielt ihren Kopf etwas schief und man konnte sehen, wie aufmerksam sie Quirli zuhörte.

„Schade, dass wir nicht hören, was Quirli sagt." Melanie war ein bisschen enttäuscht.

„Macht nichts. Hauptsache, es klappt." Ich hielt noch einmal meine Daumen-drück-Hände hoch in die Luft und drückte ganz feste.

„Menschenkinder!", begann da plötzlich Constructa zu sprechen.

Melanie und ich erschraken entsetzlich, als wir plötzlich ihre Stimme hörten. Tief, wie durch ein Muschelhorn gesprochen, und doch singend wie ein Lied.

„Seid ihr endlich da! Seit Jahrhunderten warte ich auf euch. Kommt, euch die Perlen zu holen. Ich erwarte euch!"

Melanies Knie zitterten, als sie sich hinter dem Stein aufrappelte. Ich merkte genau, dass ihre Beine nicht wollten, aber dass sie wusste, dass wir nur dann den wichtigen Schatz bekommen würden, wenn wir hingingen.

„Komm doch, Freddi!" Melanie war schon zwei Schritte weiter und schielte zu mir zurück. Ich rappelte mich auf. Hoffentlich war das keine Lüge von Constructa!

„Kommt näher!" Constructa klang eindringlich!

Nun waren wir schon so nahe am Ziel! Könnt ihr euch vorstellen, dass ich nicht mehr wollte? Dass ich gerade in dem Moment, als ich Constructa sagen hörte „kommt näher!" einfach in meinem Zimmer zu Hause sein wollte, oder wenigstens in der Ferienwohnung bei meinem schönen Lego? Aber ich war nicht zu Hause. Und auch nicht in der Ferienwohnung. Ich war hier in der Höhle von Constructa, die die Perlen bewachte, die ich mit Melanie finden sollte. Und Constructa beschützte sie. Und ich musste nun dahin gehen, um sie zu holen.

Es ließ sich nun mal nicht ändern: Ich war hier, und wenn ich die Perlen nicht holte, dann würde ich auch nie mehr zu meinem Lego kommen. Also los!

Vorsichtig gingen wir um die dicken Steine herum und ganz langsam auf Constructa zu. Melanies Knie zitterten. Vorsichtshalber nahm sie meine Hand. Ich glaube, sie wollte sich daran festhalten, um nicht vor lauter Zittern umzufallen. Aber ich war froh um ihre Hand! Gemeinsam mit ihr fühlte ich mich etwas sicherer! Im Gehen überlegte ich, wie wir wohl den vielen Fangarmen ausweichen könnten, wenn Constructa uns doch packen sollte!

Es waren viele Fangarme.

Als wir schon den halben Weg gelaufen waren, stoppte uns Constructa plötzlich unerwartet. Mit ihrer tiefen Singsang-Stimme sprach sie: „Bevor ihr die Perlen bekommt, müsst ihr zeigen, dass ihr die Richtigen seid!"

Ich schluckte: „Und ich hab gehofft, das geht ganz einfach", murmelte ich Melanie ganz leise zu.

Ich hatte nicht mit Constructas feinen Ohren gerechnet - sie hatte mich gehört: „Wenn ihr die richtigen seid, ist es ganz einfach!"

Da fasste sich Melanie ein Herz: „Guten Tag, Constructa. Du kannst uns so gut hören, weil du blind bist, oder?"

Ich weiß nicht, woher sie plötzlich den Mut nahm. Aber sie tat es eben.

„Gutes Sein, Menschenkind", begrüßte uns Constructa. „Hier unten in der Constructa-Höhle ist immer Tag – oder immer Nacht – ganz wie du willst. Deshalb begrüßt man sich mit Gutes Sein! Ja, ich kann sehr gut hören!".

Ich fasste mir auch ein Herz: „Gutes Sein, Constructa", begrüßte ich Constructa. „Ich bin Freddi. Und das ist meine Schwester Melanie."

„Es freut mich, euch kennenzulernen." Constructa neigte grüßend ihren Kopf.

„Was müssen wir tun, um die Perlen für Prinzessin Julina-Tschako und uns zu bekommen?" Ich wagte mich doch tatsächlich ein paar Schritte näher heran.

Und nun hörten wir, was wir zu tun hatten.

„Ihr müsst die Perlen betrachten und mir sagen, was ihr seht. Das ist alles." Constructa setzte sich vorsichtig in Bewegung und rutschte mit Hilfe ihrer vielen Arme herunter von den Perlen. Und der riesige Haufen bunter, schillernder Perlen, die die Größe von Murmeln hatten, kam zum Vorschein.

„Wow. Wie schön!" Ich konnte vor Staunen nicht an mich halten.

„Das ist alles? Wir sollen nur sagen, was wir sehen?" Melanie wunderte sich. „Was sollen wir da anderes sehen als Perlen!"

Da tauchte wie aus dem Nichts plötzlich wieder Quirli auf. So schnell hatte er sich wieder sichtbar gemacht. Er saß direkt neben Constructa und schüttelte energisch den Kopf. „Schau genau hin, Melanie, schau genau!"

Wir spürten Quirlis Aufregung. Ob das wohl gut ging?! Dabei schien es mit einem Mal ganz einfach! Die Perlen konnten wir doch sehen!

Ich machte mir Mut. „ Also ich komm jetzt und schau mir die Perlen an!" Entschieden schritt ich auf den Perlenhaufen zu. „Komm, Melanie!"

Melanies Beine zitterten immer noch ein bisschen. Aber sie lief einfach los, neben mir her. Ich hatte meinen Blick fest auf die Perlen gerichtet. Erst, als wir nahe genug dran waren, aber noch weit genug entfernt, dass uns Constructa nicht erreichen konnte, blickten wir verstohlen zu ihr. Ihre Fangarme ruhten jetzt friedlich neben ihrem dicken Kopf, der keine Augen hatte. Aber ihr Mund lächelte. Aus ihrem ganzen Körper strahlte ein seltsames Leuchten. So gefährlich sah sie von nahem gar nicht aus. Überhaupt nicht! Eigentlich sogar sehr friedlich.

Schau genau!

Prüfend schaute ich aus diesem sicheren Abstand von allen Seiten die Perlen an. „Also, ich sehe tatsächlich nur die Perlen“ sagte ich recht selbstsicher.

Aber Quirli verzog ängstlich das Gesicht: „Schau genau, Freddi, schau genau!“

Das war wohl nicht die Antwort, die sie hören wollten. So viel stand fest. Hilflos wandte ich mich an Melanie. „Schau du mal. Vielleicht siehst du mehr als ich.“

„Also gut, es muss ja wohl sein.“ Melanie schritt behutsam noch näher auf die Perlen zu. Ihre ersten Schritte wirkten recht sicher, doch als sie so nahe an Constructa herangekommen war, dass Constructa sie mit ihren langen Fangarmen hätte erreichen können, begann das große Zittern wieder.

„Hoffentlich sehe ich das Richtige!“, flüsterte sie angespannt. „Sonst ist es aus mit der Rettung der Wasserelemente. Und alles war umsonst.“

Ganz genau betrachtete Melanie die Perlen.

„Also, ich sehe grüne Perlen – und weiße – und fast blaue – und...“

Melanie schaute prüfend zu Constructa. Die saß noch immer unbeweglich lächelnd da.

Aber Quirli neben ihr schüttelte entsetzt den Kopf. „Nein, nein, du musst genauer schauen!“

Melanie zitterten die Knie. Wenn wir nicht schon sowieso im Wasser gewesen wären, hätte sie jetzt bestimmt auch Schweißperlen auf der Stirne gehabt.

„Wie soll ich denn noch genauer schauen? Ich schau doch schon so gut ich kann!“

Sie machte noch einen letzten Schritt auf die Perlen zu, kam Constructa sehr nahe - und wackelte so sehr mit ihren zittrigen Knien, dass sie aus Versehen mit ihrem Bein an einen der vielen Fangarme von Constructa stieß! Als ob sie sich an einer heißen Herdplatte verbrannt hätte, zuckte sie mit einem kleinen Ausruf zurück! Sie rieb sich das angestoßene Knie.

„Was war denn das?“ Verwirrt blickte sie Constructa an. Aber diese tat, als ob nichts gewesen wäre.

„Hast du dir wehgetan?“ Ich kam meiner Schwester tröstend hinterher.

„Ich weiß auch nicht. Weh tut es eigentlich nicht. Aber es war ganz komisch.“ Noch einmal rieb sie sich das Knie.

„Na, macht nichts. Ich schau noch mal nach den Perlen." Erneut wandte sie sich den Perlen zu – und da machte sie mit einem Mal riesige Augen!

„Oohh!", entfuhr es ihr. „Wie schön! Jetzt weiß ich, was du meinst, Constructa."

Quirli seufzte erleichtert auf: „Den Wasserelementen sei Dank!", stieß er erleichtert hervor.

„Was, was siehst du denn?" Ich war ganz nervös. „Nun sag schon!"

Melanie strahlte. „Ich sehe lauter schöne Dinge und Landschaften, Freddi. In jeder Perle ist Leben drinnen – wie so eine Schneekugel! Nur ohne Schnee – und wie lebendig! Wunderschön!" sprudelte sie hervor.

Ich beugte mich hinunter zu den Perlen: „Wo denn – ich sehe immer noch nichts." Ich deutete auf eine leuchtende rote Perle direkt vor mir. „Was ist denn zum Beispiel hier drinnen?", fragte ich, und ich muss gestehen: Ein bisschen zweifelte ich, dass Melanie tatsächlich etwas anderes als eine leuchtende rote Perle sehen konnte.

Doch sie antwortete sofort: „Hier drinnen ist ein großer Wald mit einer Wiese davor. Auf der Wiese spielen Kinder Fußball. Im Wald laufen Rehe herum. Manche kommen gerade an den Waldrand zum Gras fressen. Jetzt kommt auch ein Rudel Wölfe. Aber schau nur – die Rehe bleiben einfach da. Und auch die Kinder schauen nur kurz hoch. Jetzt winken sie sogar den Wölfen und spielen einfach weiter! Alle sind ganz friedlich."

Ich schüttelte verwundert den Kopf. „Und die Kinder rennen nicht weg vor den Wölfen? Seltsam."

Noch seltsamer fand ich allerdings, dass überhaupt etwas in dieser Perle zu sehen war. Ungläubig deutete ich auf eine zart-rosa Perle: „Und was ist in der drin?"

Melanie schaute die rosa Perle genau an: „Da ist ein Fluss. Ein ganz großer. Am Rand von ihm steht eine riesige Fabrik. Der Rauch aus dem riesigen Fabrikschlot wird in ein großes Rohr geleitet. Schau nur – der Rauch ist die Heizungsluft für das Dorf, das gleich danebensteht. Wie praktisch!"

Nun wurde ich schon ein bisschen neidisch, weil ich nichts sah außer einer zart-rosa Perle. Ich unternahm einen letzten Versuch und zeigte auf eine orange Perle. „Und hier, was ist hier drinnen?"

Und sofort erzählte Melanie: „Da fahren ganz viele Menschen mit dem Fahrrad. In einer riesigen Stadt auf einer riesigen Straße! Nirgends sieht man ein Auto! Ich glaube, die fahren alle in ihre Arbeit oder zum Einkaufen. Und in die Schule! Manche haben kleine Anhänger drangehängt. Und weißt du, was die alle auf ihrem Kopf haben? Einen lustigen Hut – der hat eine Solaranlage drauf! Die treibt die kleinen Fahrrad-Motoren an – damit nicht so viel Luft verpestet wird."

„Praktisch – ja.", murmelte ich. „Nur schade, dass ich es nicht sehen kann." Ich war nun wirklich enttäuscht. Immer war es meine Schwester, die etwas besser konnte als ich. Das war ja eigentlich dauernd so. Aber so ist das halt, wenn man jüngerer Bruder ist.

Perlen fädeln

Plötzlich fiel mir etwas ein und ich fasste wieder Mut: „Nur gut, Melanie, dass du dabei bist und wenigstens du die Wasserelemente retten kannst. Oder Constructa, das ist doch das, was man sehen soll!?"

Ich wandte mich an Constructa. Die lächelte immer noch – und ihr inneres Leuchten war nun in ein goldenes Strahlen übergegangen. Ihr Stimme klang noch wärmer, als sie uns nun zum zweiten Mal begrüßte: „Herzlich willkommen in der Constructa-Höhle, ihr lieben Menschenkinder. Ihr seid genau die richtigen. Euch gebe ich gerne den Perlenschatz."

Mir fiel ein Stein vom Herzen! Wir hatten Constructas Schatz gefunden!

Aber fertig waren wir noch immer nicht.

Constructa rutschte erneut ein Stückchen zur Seite. Da sahen wir gold-silberne Schnüre am Boden liegen. „Hier sind die Perlenschnüre dazu. Bedient euch!"

Melanie ging hin und holte sich eine der Schnüre. Jetzt zitterten ihre Knie nicht mehr. „Wow, die fühlen sich ganz kostbar an! Fühl mal, Freddi!"

Ich zögerte: „Soll ich auch? Ich habe doch gar nichts gesehen in den Perlen!"

Aber Constructa sagte: „Ja, du sollst auch, Freddi. Denn du hast keinen Neid gezeigt, weil du nichts sehen kannst in den Perlen. Sondern du hast dich gefreut darüber, dass deine Schwester den Wassergeistern helfen kann. Und dafür sei dir herzlich gedankt!"

Ich glaube, ich wurde ein bisschen rot über dieses Lob von Constructa. Das war doch nichts Besonderes. Insgeheim war ich froh, dass Constructa anscheinend nicht bemerkt hatte, dass ich schon ein bisschen eifersüchtig auf meine Schwester gewesen war. Da beugte Constructa sich vor, um mir mit einem ihrer Fangarme dankbar die Hand zu schütteln.

Da – in dem Moment, als meine Hand ihre Hand berührte, geschah es: Ein heißes Gefühl durchfuhr plötzlich meine Hand und meinen ganzen Körper.

„Aua!" Schnell zuckte meine Hand automatisch zurück und ich rieb sie feste. Aber dann musste ich lachen: „Mal sehen, ob ich nun auch etwas sehe in den Perlen!" Denn plötzlich wusste ich es: Die Berührung mit Constructas Fangarmen hatte Melanie die Augen für die Schätze ihrer Perlen geöffnet.

Und tatsächlich – nun gaben die Perlen auch mir ihr Geheimnis frei und ich sah in jeder Perlenkugel kleine Szenen, wie in einer Schneekugel. Es war herrlich!

„Toll!", jubelte ich.

Sofort musste ich meiner Schwester alles zeigen: „Schau mal diese, Melanie!"

Ganz vorsichtig nahm ich eine kleine Kugel in die Hand, die bunt wie eine Murmel war. Darin war ein Kindergartenhaus zu sehen. Gerade hatte es zu regnen aufgehört und die Kinder und Erzieherinnen liefen freudig in den Garten. Sie schauten in ein tiefes Loch und deuteten jubelnd hinein.

„Pscht! Seid mal leise – ich höre sogar, was sie sagen!" Ganz nahe neigte ich mein Ohr an die kleine Kugel. Und sehr, sehr leise hörte ich, wie innen in der Kugel jemand sprach: „Das Regenwasser-Auffangbecken ist wieder voll! Nun kann das Wasser für die Toilettenspülung wieder vom Regen genommen werden!"

„Tolle Sache!", wandte ich mich an Melanie. „Das wäre auch was für unseren Kindergarten, oder?"

Melanie nickte lachend. „Nun aber an die Auffädel-Arbeit, Freddi!"

Vorsichtig nahm jeder von uns eine Perle in die Hand und steckte sie behutsam auf den gold-silbernen Faden.

Da fiel mir etwas ein: „Du, Melanie! Müssen wir nicht immer zwei gleiche finden?"

Da hüpfte Quirli herbei. „Super, genauso müsst ihr es machen! Es sind immer zwei gleiche da. Soll ich euch suchen helfen?"

„Ja gerne, Quirli. Aber kannst du denn das alles auch sehen?", wunderte sich Melanie.

„Na sicher. Ich bin doch ein Wassergeist!", meinte er und schwebte schon von einer zur anderen Perle, um sie genau zu begutachten.

Gemeinsam fädelten wir immer eine Perle von jeder Sorte auf die beiden golden-silbernen Fäden. Es war eine lustige Beschäftigung, weil wir in jeder Perle die kleine Szene betrachteten. Immer einmal wieder rief einer von uns: „Super Idee!" und „toll!" und „dass da noch niemand draufgekommen ist!"

Dann waren wir fertig. Eine Kette hängte sich Melanie um den Hals, die andere hängte ich mir um den Hals. Ich kam mir sehr wichtig vor!

Da wurde es auf einmal von oben ganz hell: Es schien, als ginge über dem Wasser die Sonne auf! Und in der Höhle wurde es noch etwas heller. Es war eine wunderbare Farbenpracht.

Constructa strahlte über das ganze Gesicht und leuchtete von innen heraus. Auch ohne ihre Perlen wirkte sie wie, ja wie eine Königin.

Wir stellten uns vor sie hin. Denn nun war unser Auftrag in der Constructa-Höhle erfüllt.

„Vielen Dank, Constructa. Wir gehen jetzt wieder", verabschiedete sich Melanie.

„Vielen Dank und auf Wiedersehen!" Ich machte eine kleine Verbeugung. Erst da fiel mir ein, dass Constructa die ja gar nicht sehen konnte. Aber das machte nichts.

Eine Sache wollte ich jedoch noch unbedingt wissen: „Was machst du denn jetzt eigentlich, Constructa, wenn du keinen Schatz mehr bewachen musst?"

„Auf Wiedersehen, Freddi und Melanie! Mach dir keine Sorgen um mich!" Constructa richtete sich auf und ihr inneres Strahlen erleuchtete noch stärker die ganze Höhle. Wieder blitzten und leuchteten alle Edelsteine in den wunderbarsten Farben auf. Das Strahlen der Sonne von oben vermischte sich mit dem Leuchten von Constructa. Es war ein Farbenschauspiel wie bei einem Feuerwerk in den wunderschönsten Farben des Regenbogens. Alle staunten und lachten wir über dieses gewaltige, wunderbare Regenbogen-Farbenspiel!

Dann sagte Constructa, und es klang sehr majestätisch: „Ich habe nun die Aufgabe, mein Leuchten zu verbreiten. Ich werde nach und nach in alle Meereshöhlen schwimmen und dort die Steine erstrahlen lassen. Sind sie einmal entfacht, glänzen sie von selber weiter – weil die Menschen nun oben auf der Erde mithelfen werden und dort das Leuchten entfachen.“

„Leuchten entfachen?“, wiederholte ich fragend. „Das verstehe ich nicht.“

Doch Constructa erklärte es uns: „Jede Perle hat eine gute Idee, die der Erde hilft. Und ihr gebt die Perlen-Ideen weiter an jemanden, der sie in die Tat umsetzt. Das ist eure Aufgabe. Und dadurch fängt die Erde an dieser Stelle vor Freude zu leuchten an, wie gerade hier oben über dem Wasser. Zusammen mit dem Licht der Steine, das ich in den Meereshöhlen entfache, wird das Leuchten auf der Erde immer mehr. Ganz einfach.“

„Ganz einfach!“, wiederholten meine Schwester und ich gleichzeitig. Denn in der Tat war es ganz einfach. Wir hatten die Perlen, die Perlen hatten die Ideen – das Leuchten kam beinahe von selber.

„Und wie siehst du den Weg zu den verschiedenen Höhlen?“, fragte nun doch noch Melanie.

Da beugte sich Constructa froh zu Quirli hinunter. „Quirli, mein neuer Freund wird mich begleiten! Und wenn er ausruhen muss, weil er ja noch so jung ist, wird mich eines seiner Geschwister begleiten."

„Ja, genau! Damit wir auch etwas Sinnvolles tun." Quirli hüpfte vor Freude um die blinde Constructa herum. „Aber erst mal muss ich noch mal heim zu Papa und Mama! Bis später, Constructa!"

Quirli sprang zu Melanie und mir. „Auf Wiedersehen, Constructa!"

Wir wanderten mit Quirli die Höhle zurück. Nun konnte ich die Lampe von Yaibolla hell erleuchtet lassen. Denn wir wussten: Constructa konnte es nicht sehen. Und wenn sie es gesehen hätte, hätte sie sich mit uns am Leuchten der Höhlen-Steine erfreut.

Im Weggehen war ich mir jedoch gar nicht mehr so sicher, ob Constructa wirklich nichts sehen konnte. Wenn nicht mit den Augen, so sah sie doch mit ihrem Herzen ganz besonders gut.

Als wir so im Gehen waren, fiel Melanie plötzlich ein: „Ach ja, Papa und Mama! Die werden sich bestimmt schon arg Sorgen machen! Am Ende werden wir schon von der Polizei gesucht!"

Oh je! Eine lange Zeit hatte ich gar nicht mehr an unsere Eltern gedacht!

„Na, dann mal schnell!" Ich begann zu rennen, was sich im Wasser wie immer als äußerst schwierig herausstellte.

Nach einiger Zeit, als wir ein gutes Stück weit gegangen waren, hörten wir Constructa abermals singen. Ihr tiefer, klarer Gesang tönte so schön und friedlich, dass es uns von neuem ganz warm ums Herz wurde. Ich beruhigte mich wieder. Mit frohem Mut und Zuversicht, dass es Mama und Papa bestimmt gut ging, wanderten wir den Weg zum Höhleneingang zurück.

Die Heimfahrt

Vor der Höhle wurden wir von Wongan, Yaibolla und den übrigen Wassergeistkinder mit großem „Hallo!" begrüßt. Nachdem wir alles erzählt hatten und die beiden Ketten vorzeigten, drängte ich zur Eile.

„Wongan, wir wollen jetzt wieder heim. Unsere Eltern machen sich vielleicht schon Sorgen! Fahr uns schnell zu deiner Frau, damit wir ihr die eine Kette geben können!"

„Natürlich, natürlich!", erwiderte er. „Aber macht euch mal keine Gedanken wegen eurer Eltern. Das geht schon in Ordnung!"

Das hatte Yaibolla ebenfalls gesagt – aber ich verstand es auch diesmal nicht. Ich bin mir auch nicht sicher, ob ich Wongan geglaubt hätte, wenn ich damals schon gewusst hätte, warum ich mir keine Sorgen machen musste.

Trotzdem fuhr Wongan, nachdem alle im Fahrzeug Platz genommen hatten, mit Höchstgeschwindigkeit heim. Ich glaube, er wollte uns beruhigen. Vielleicht nutzte er aber auch nur die Gelegenheit, sein tolles Wasserfahrzeug endlich mal wieder mit voller Geschwindigkeit fahren zu können. Diesmal schaute ich prüfend nach hinten, ob man bei diesem Tempo vielleicht stinkende Abgase sehen würde... nein, es war nichts zu sehen.

Neugierig fragte ich: „Wongan, verpestet dein Auto nicht die Meere mit seinen Abgasen?“

Wongan lachte. „Nein, nein. Keine Sorge! Mein Auto fährt, so wie alle Unterwasser-Fahrzeuge von uns Wasserwesen, mit Spezial-Algen-Tankfüllung. Garantiert klimaneutral!“

„Na, dann ist es ja gut“, meinte ich und lehnte mich beruhigt und ein bisschen erschöpft in meinem Sitz zurück.

Yaibolla fuhr mit. Sie wollte natürlich sehen, wie sich Prinzessin Julina-Tschako über die Kette freute.

Während der Fahrt begannen die Wassergeistkinder wieder zu singen und zu klatschen.

Perlen-Rap

Jedenfalls – ist die Sache son-nen klar-,
dass die Schöpfung eine tolle Sa-che war-.
Jeder hier – in dem Raum ob- groß – ob klein-
Will doch da-bei bei ihrer Ret-tung sein-.

Freddi Tulli und die Schwester Me-la-nie-
Haben viele Perlen und die tei-len sie-.
Jeder Mensch, der eine mit nach Hau-se nimmt-
Weiß auch gleich, was er mit ihr zu tun- be-ginnt-.

Jedenfalls – ist die Sache son-nen klar-,
dass die Schöpfung eine tolle Sa-che war-.
Jeder hier – in dem Raum ob- groß – ob klein-
Will doch da-bei bei ihrer Ret-tung sein-.

Alle Fische in dem Meer, die sprin-gen – nun-
Lustig in den Wellen wie verrückt- her-um-.
In der Höhle ist Constructa wirk-lich- froh-,
denn sie wartete schon viele Jah-re so-!

Jedenfalls – ist die Sache son-nen klar-,
dass die Schöpfung eine tolle Sa-che war-.
Jeder hier – in dem Raum ob- groß – ob klein-
Will doch da-bei bei ihrer Ret-tung sein-.

Wongan und Yaibolla geh'n erfreut- nach- Haus-
Spenden Melanie und Freddi noch – App-laus-.
Perlen strahl'n Ideen in die Her- zen rein-:
Unsre schöne Welt, die ist doch mein- und dein-!

Jedenfalls – ist die Sache son-nen klar-,
dass die Schöpfung eine tolle Sa-che war-.
Jeder hier – in dem Raum ob- groß – ob klein-
Will doch da-bei bei ihrer Ret-tung sein-.

Das Fest

Endlich kamen wir am Haus von Wongan und seiner Frau Prinzessin Julina-Tschako an. Es herrschte ein unheimliches Getümmel: Viele Wasserwesen waren gerade dabei, ihre Fahrzeuge zu parken. Es waren Fische in allen Größen, Nixen, Wasserelfen, Seepferdchen, Seeanemonen, Seeigel und viele seltsame Wesen, von denen ich keine Ahnung gehabt hatte, dass es sie gibt, geschweige denn, dass ich wusste, wie sie hießen.

„Was ist denn hier los?", wunderte sich Wongan. „Da finde ich ja überhaupt keinen Parkplatz vor meinem eigenen Haus!"

„Warum sind denn hier so viele Leute?" wunderte sich auch Quirli.

Nur Yaibolla war ganz gelassen: „Aber Wongan – du als Wassergeist musst doch wissen, dass im Wasser keine Nachricht lange verborgen bleibt! Jede Welle trägt die Nachricht sofort weiter – und weiter – und weiter."

„Ja, du hast Recht, Yaibolla." Wongan nickte mit dem Kopf. „Das hatte ich in der ganzen Aufregung vergessen. Aber einen Parkplatz brauche ich trotzdem!"

Alle Wassergeisterkinder guckten nun, ob nicht doch in der Nähe irgendwo eine Lücke frei war.

„Hier, da ist ein Platz – ach, viel zu eng!" und „Da vorne, Papa, schnell, da wird ein Platz frei! Ach wie ärgerlich, schon steht ein anderer drin!", riefen sie eifrig.

Endlich schimpfte Wongan entschieden: „Also, so wird das nichts. Nun muss ich zu anderen Methoden greifen. Steigt erst mal alle aus!"

Und als er das Fahrzeug ganz nahe an sein Haus gefahren hatte, stiegen wir alle aus.

„Wartet hier. Ich bin gleich wieder da!", rief Wongan und schon stieg das Fahrzeug in die Höhe. Ganz nahe fuhr es an den großen Kamin von Wongans Haus, der fast einem Burgturm glich. Wongan umkreiste den Kaminturm ein paar Mal, bis er ganz oben an der Spitze war. Dann ließ er einen Anker hinaus, der sich am Turm verhakte, und zog das Fahrzeug ganz eng an den Turm hin. Wir konnten hören, wie Wongan den Motor ausschaltete, und schon sahen wir ihn aussteigen und zu uns nach unten schweben.

„Praktisch, oder?", wandte ich mich an Melanie. „Wenn das Papa auch so machen könnte!"

Melanie nickte. Aber dann fiel ihr etwas ein: „Stimmt! Aber stell dir mal vor, wenn alle Autos in der Luft am Kamin hängen würden! Das sähe vielleicht komisch aus!" Da musste ich lachen.

Als Wongan bei uns angekommen war, rief er uns zu: „So, fertig! Wäre doch gelacht, am eigenen Haus keinen Parkplatz zu finden! Und nun kommt herein!"

Gemeinsam bahnten wir uns einen Weg durch die vielen Wesen. Und da, hinter der Garage, sahen wir sogar einen Orca!

„Achtung, Melanie, dort, schau mal, der Orca!" Ich zupfte Melanie aufgeregt am Arm. „Die sind total gefährlich!"

Melanie sah ihn auch: „Ich glaube aber nicht, dass der uns etwas tut. Der hier sieht ganz friedlich aus, oder?"

„Stimmt", fuhr ich fort. Ich bemerkte, dass der Orca ein freundliches Lächeln auf den Lippen hatte. Ihr wisst ja, wie Orcas lächeln, oder?

„Das kommt vielleicht daher, weil wir die Perlenketten um den Hals tragen.", fiel mir da ein.

Wir achteten nun nicht weiter auf den Orca und folgten den anderen, die schon dabei waren, in Wongans Haus zu gehen.

Dort war mittlerweile alles ganz wunderbar schön aufgeräumt und festlich geschmückt worden. Prinzessin Julina-Tschako saß in einem goldenen Thron und winkte ihrer Familie zu.

„Hallo, da seid ihr ja endlich! Bis ihr da seid, weiß das halbe Meer längst, dass alles geklappt hat!" Lachend umarmte sie ihre Kinder und Wongan und begrüßte Yaibolla voller Freude.

Dann wandte sie sich an Melanie und mich. Im Haus wurde es sofort ganz still.

„Liebe Kinder, Melanie und Freddi. Ich habe schon gehört, dass ihr mir eine der beiden Perlenketten bringt."

„Ja, hier ist sie!" Ich ging vor, nahm mir die Kette vom Hals und reichte sie ihr. Die Prinzessin war wirklich sehr schön! Ich wollte ihr noch irgendetwas sagen, um sie noch ein bisschen länger aus der Nähe anschauen zu können.

So sagte ich: „Es war ganz einfach, sie zu holen! Quirli hat uns geholfen!"

Prinzessin Julina-Tschako lachte. Sie legte sich die Kette vorsichtig um den Hals. Ehrfürchtig betrachtete sie die Perlen.

„Wie wunderschön!", seufzte sie. „Und was für tolle und einfache Ideen darin sind! Vielen Dank für eure Hilfe. Nun geht es den Wasserelementen bald wieder gut! Und mit ihnen den Luft- und Erd- und Feuerelementen. Wir alle sind nämlich Freunde."

Und sie verneigte sich vor Melanie und mir. Alle Fische, Kraken, Tintenfische, Krebse und anderen Wesen applaudierten und riefen „Hurra!", „Danke!", „Vielen Dank für eure Hilfe!", „Ihr seid super!" und ähnliche Dinge. Melanie wurde ganz rot vor Verlegenheit.

Als es endlich wieder leise wurde, sprach Prinzessin Julina-Tschako: „Wir feiern nun ein Fest. Euch zu Ehren! Und weil nun alles gut wird."

Da flüsterte ich Melanie leise zu: „Eigentlich möchte ich lieber heim. Wir sind schon entsetzlich lange fort!"

Melanie nickte und sprach dann laut zu Prinzessin Julina-Tschako: „Liebe Prinzessin. Wir danken dir sehr für das Fest. Aber lieber wollen wir nun wieder heim!"

„Das verstehe ich", nickte die Prinzessin. „Es ist zwar schade, dass ihr nicht mitfeiern wollt – aber ich stelle euch Orca, meinen treuen Freund, zur Verfügung. Er kann euch zur Meeresoberfläche bringen. Yaibolla, sei doch so lieb und begleite Orca und die beiden Kinder und hilf ihnen, den Ausgang aus dem Meerestor zu finden."

Alle umarmten uns, als wir uns verabschiedeten. „Schade, dass ihr schon gehen müsst!", riefen sie und „kommt mal wieder" und „schön, dass ihr da wart!" Es dauerte entsetzlich lange, bis alle die vielen Wasserwesen uns umarmt hatten.

Wongan hatte tatsächlich Tränen in den Augen: „Ich bin so froh, dass ihr geholfen habt. Ihr müsst uns unbedingt wieder besuchen! Auf Wiedersehen!"

„Auf Wiedersehen!", riefen auch wir noch einmal.

Dann brachte Yaibolla uns zu Orca, dem Orca: „Kommt, Kinder, hier ist Orca."

Ich zögerte: „Ist der nicht gefährlich, Yaibolla?"

„Nein, überhaupt nicht", erwiderte sie. „Seit Prinzessin Julina-Tschako ihn aus einem Fangnetz gerettet hat, ist er ihr treuester Freund. Hallo Orca!" begrüßte sie den Orca.

„Hallo, ihr mutigen Kinder. Steigt auf und haltet euch gut fest!" Wir stiegen mit Yaibolla auf den großen, rutschigen Rücken.

„Wo bitte soll man sich da festhalten?", jammerte ich. „Da ist doch nur glatte Haut!" Ich erinnerte mich nur zu gut an die schnelle Fahrt mit Wongan, als Melanie beinahe aus dem Auto gefallen wäre.

Da schnippte Yaibolla mit ihren Zwickezangen: „Hier, bitte sehr."

Und augenblicklich waren nun Zügel am Orca, woran wir uns alle festhalten konnten.

Die Fahrt war wild und gefährlich. Der Orca sauste mit einer riesigen Geschwindigkeit durch das Meer. Er war so wendig, dass wir tatsächlich ein paar Mal von seinem Rücken rutschten und nur dadurch, dass wir uns mit den Händen so gut an den

Zügeln festhielten, gelang es uns, nicht herunterzufallen. Aber es war lustig!

„Wir sind da!“, rief der Orca nach einiger Zeit. „Yaibolla, nun bist du dran!“

„Also gut, Kinder. Machen wir es schnell. Ich mag Abschiede nicht.“

Yaibolla umarmte Melanie und mich kurz, aber sehr herzlich. Wenn ich daran denke, wird mir immer noch ein bisschen wehmütig zumute.

„Haltet euch einfach an den Händen fest. Den Rest mache ich. Auf Wiedersehen, bis bald!“, sprach Yaibolla.

„Auf Wiedersehen, Yaibolla!“, riefen Melanie und ich, als wir uns an den Händen fassten. In dem Moment, als ich noch fragen wollte, wie wir uns denn wieder einmal sehen könnten, sahen wir, wie Yaibolla mit ihren Zwickezangen schnippte – da hörten wir es rauschen und zischen, klingeln und bimmeln, waren kurz irgendwo – und dann stand ich wieder am Fenster der Ferienwohnung und Melanie saß im Lehnstuhl. Das Buch lag noch aufgeschlagen am Tisch, so wie ich es meiner Schwester abgenommen und hingelegt hatte.

„Hoppla, was war denn das?“ Ich rieb mir benommen die Stirne.

„Das ging aber schnell!" Melanie rappelte sich vom Sessel hoch. Dann blickte sie an sich hinab. „Und trocken sind wir auch gleich geworden! Sehr praktisch, dann müssen wir uns nicht umziehen! - Wo sind denn nun Mama und Papa?" fragte sie und suchte die Wohnung ab.

„Niemand da! Die suchen uns bestimmt!"

„Äh, Melanie", zögerte ich. „Schau mal am Tisch. Da liegt der Zettel, den du geschrieben hast, noch genauso da, oder?"

Melanie lief zum Tisch. „Ja, tatsächlich. Und weißt du was, Freddi?" Melanie blickte zur Uhr an der Wand. „Ich glaube, es sind gerade mal fünf Minuten vergangen, seit wir los sind."

„Was?!! Dabei waren wir doch Stunden unterwegs!" Plötzlich war ich mir ganz unsicher. „Oder waren wir vielleicht gar nicht weg?"

„Hhhm. Ich weiß auch nicht." Da griff sich Melanie an den Hals.

„Doch, ich glaube schon. Die Perlenkette ist jedenfalls noch da!"

Richtig. An Melanies Hals hing sie. Die Perlen aus Constructas Höhle funkelten und glitzerten in allen Farben des Regenbogens. Und wenn wir genau hinsahen, fing es in den Perlen-Kugeln wieder zu leben an.

Geschenke

Unsere Eltern kamen übrigens nur kurze Zeit später vom Einkaufen zurück. Und so hatten sie überhaupt nicht mitbekommen, dass wir so lange weg gewesen waren. Natürlich erzählten wir ihnen sofort alles ganz ausführlich. Papa meinte, dass er sehr froh sei, dass er und Mama so mutige Kinder hätten. Und Mama sagte, sie sei sich ganz sicher, dass es gut gewesen sei, dass wir auf den Hilferuf des Wassergeistes Wongan gehört hätten.

Schon im Ferienort hatten Melanie und ich angefangen, anderen Menschen von unserem Abenteuer zu erzählen und von der Bitte der Wassergeister, der Natur zu helfen. Auch hatten wir ein paar Perlen an die Kinder dort verteilt.

Zu Hause, als die Ferien zu Ende waren, machten wir weiter. Jedes Kind und jeder Erwachsene, der eine Kugel bekam, machte sich sofort daran, das, was in der Kugel zu sehen war, in echt zu tun. Und es war sehr seltsam: Alle, die eine Kugel von Melanie und mir bekamen, konnten das Leben darinnen erkennen und wussten gleich, was sie tun mussten, um den Wassergeistern, den Erdgeistern, den Feuergeistern und den

Luftgeistern zu helfen. Die Perlen verrieten jedem Menschen ihr Geheimnis.

„Weißt du was, Melanie?", sagte ich eines Tages. „Ich glaube, die Perlen werden gar nicht weniger!"

„Stimmt. Das habe ich mir auch schon gedacht. Ich habe immer noch die ganze gold-silberne Kette voll, obwohl wir schon so viele Perlen verteilt haben!", meinte Melanie. Sie nahm die Kette vom Hals.

Dann lachte sie. „Und außerdem glaube ich, dass die Ketten-Ideen ansteckend sind. Ich habe nämlich schon so viele gute Ideen gehört von Menschen, denen wir bestimmt keine Perle geschenkt haben! Und alle Ideen machen, dass es der Erde wieder gut geht!"

So ist es! Das macht sicher das Leuchten von Constructa, die die Wasserhöhlen hell macht!

So war das damals, als ich mit Melanie, meiner Schwester, Wongan, dem Wassergeist, geholfen habe.

Das ist jetzt schon drei Jahre her. Und immer noch hat Melanie Perlen an ihrer Kette. Manchmal, abends, wenn wir beide noch ein bisschen zusammen in einem unserer Zimmer sitzen und uns leise unterhalten, betrachten wir die einzelnen Perlen und freuen uns an den guten Ideen, die wir darinnen sehen. Es sind tolle Einfälle!

Wir glauben, dass Constructas Leuchten mittlerweile so viele Meereshöhlen hell gemacht hat, dass die vielen Perlenideen sich nun auch verteilen, ohne dass wir Perlen verschenkt haben.

Wenn ihr eine gute Idee habt, wie ihr den Wassergeistern und ihren Freunden helfen könnt – so ist das bestimmt eine der Ideen aus den Perlenkugeln von Constructa!

Wisst Ihr was? Macht einfach mit. Unsere Freunde, die Naturgeister, sind so froh darüber!

Ach, ihr wollt noch wissen, ob wir Wongan, den Wassergeist, noch einmal besucht haben? Ja, was meint ihr denn…?!

Constructas Schatz – Einige Ideen aus Constructas Perlen

Melanie und ich haben ja alle Ideen, die in den Perlen zu sehen sind, erst ganz genau angeschaut, bevor wir sie weitergeschenkt haben. Einige waren sehr geheimnisvoll – die Ideen darinnen waren haargenau für den neuen Perlen-Besitzer gemacht: Nur der oder die hat diese Idee so richtig gut verstanden und gleich angefangen, sie in die Tat umzusetzen.

Da Constructas Perlenkette ja immer wieder neue Perlen hervorbringt, wird es auch in Zukunft lauter gute neue Ideen geben! Ich bin mal gespannt, welche Perle Du bekommst!

Viele Ideen aus Constructas Perlen sind für alle Menschen geeignet. Ein paar von denen schreibe ich dir hier auf.

Viele der Ideen haben damit zu tun, dass wir Plastik vermeiden oder die Luft nicht so verschmutzen.

Plastik vermeiden ist deshalb so wichtig, weil die Meere schon ganz voll sind vor lauter Plastik. Manchmal verheddern sich Tiere in Plastik; das tut ihnen bestimmt sehr weh. Sie haben ja keine Arme und können sich deshalb nicht mehr aus dem Plastik befreien. Bei manchen Schildkröten, die aus Versehen eine kreisförmige Plastikverpackung um den Panzer bekommen, bekommt der dann im Wachsen eine Verengung, weil das Plastik sich nicht ausdehnt. Das ist schrecklich. Manche Tiere fressen das Plastik (sie können nicht unterscheiden, ob es Fressen oder Plastik ist!) dann meinen sie, dass sie satt sind… und verhungern! Ihr Bauch ist voll: Voller Plastik, das nicht satt macht.

Wir selber werfen natürlich kein Plastik ins Meer. Also ich nicht. Du? Nein, bestimmt nicht. Wenn es aber auf der ganzen

Welt so viel Plastik gibt wie bisher, dann weiß bald niemand mehr, wohin damit. Wir hier in Deutschland sammeln ja das Plastik, damit es recycelt wird. Recyceln bedeutet, dass etwas neues aus dem alten Plastik gemacht wird. Aus gutem Plastik können zum Beispiel auch Pullover gemacht werden! Das gute Plastik muss aber ganz rein, also durchsichtig sein! Das normale Plastik wird eher zu Blumentöpfen oder Schallschutzmauern verarbeitet. Manches Plastik kann man gar nicht wiederverwenden, zum Beispiel das schwarze Plastik, in dem Duschgel oder flüssiges Waschmittel verpackt ist. Die Sortier-Maschinen erkennen das nicht. Und außerdem wird viel Plastik, obwohl wir es richtig gesammelt haben, NICHT wieder verwendet! Stell dir vor – vieles davon wird verbrannt! Der Rauch macht die Luft schlecht und pustet CO2 in die Luft. Anderes Plastik wird einfach irgendwohin geworfen… der Wind trägt es dann fort. Zuletzt landet es im Meer.

Und dann ist es noch so, dass das alte Plastik im Laufe der Zeit sich in ganz kleine Teile teilt, klitzekleine Kügelchen sind das dann. Die gibt es – so sagen die Wissenschaftler*innen – mittlerweile eigentlich überall. Im Meer, in der Erde… ja sogar in der Luft. Stell dir vor, dass das Radieschen in eurem Garten auf Erde wächst, in der klitzekleines Plastik drin ist – dann ist später auch klitzekleines Plastik im Radieschen – und das esst ihr dann. Das ist erstmal nicht schlimm! Aber es weiß noch niemand, wie es den Menschen geht, wenn es immer mehr Plastik wird.

 Weißt du, wo das ganze Plastik herkommt? Aus Verpackungen von Erdbeeren, Tomaten und anderem Gemüse und Obst. Aus der Verpackung von Wurst und Käse. Aus der Verpackung von Duschgel und Zahnpasta-Tuben und anderen Kosmetik-Artikeln. Plastik ist auch in vielen Kleidungsstücken drin! Auf dem Etikett kannst du das lesen. Plastik hat verschiedene Namen, zum Beispiel Polyacryl, Polyester, Nylon, Polyamid, Viskose, Elastan.

 Also: Es gibt zwei Möglichkeiten, das zu verhindern:

1. Weniger Dinge aus Plastik kaufen! Das ist das Wichtigste! Manchmal geht es nicht. Zum Beispiel brauchen natürlich kranke Menschen Spritzen und ähnliches aus Plastik für ihre Medizin. Dafür ist Plastik richtig, richtig gut! Auf anderes Plastik können wir leicht verzichten – das sollten wir sofort tun. Und wieder anderes Plastik macht richtig Arbeit, darauf zu verzichten. Batterien sind in Plastik verpackt – das bekommen wir nicht so einfach weg. Oder bestimmte Flüssigkeiten für das Auto sind in Plastik verpackt, zum Beispiel Frostschutzmittel. Da müssen wir richtig gut nachdenken, ob und wie wir es vermeiden können.

2. Altes Plastik sammeln und zum Wertstoffhof bringen oder in die gelbe Tonne werfen (das ist überall ein bisschen

anders geregelt – informiere dich, wie das bei euch geht!
Und informiere dich, wohin der Plastikabfall transportiert
wird!)

Andere Ideen aus Constructas Perlen haben damit zu tun,
dass die Luft nicht verschmutzt. Das ist diese Sache mit dem
Treibhaus-Effekt: Autos, Flugzeuge und Fabriken stoßen CO2
aus, wenn ihr Motor arbeitet. CO2 sind schädliche Abgase, die
zum Beispiel im dunklen Ruß aus den Auspuffen enthalten
sind. Allerdings können wir sie da eher erahnen als sehen, weil
das CO2 für unsere Augen unsichtbar ist. CO2 hüllt die Erde in
eine unsichtbare Hülle ein. Auf der Erde wird es dadurch zu
heiß, weil die warme Luft von der Sonne aus dieser Hülle nicht
mehr hinauskommt. Das ganze Wetter verändert sich dadurch:
Die riesigen Meeresströmungen drehen sich andersherum,
sonniges Wetter bleibt viel länger über einem Land, sodass es
Trockenzeiten und Dürre gibt. Und Regen wird manchmal so
stark, dass es oft wolkenbruchartig schüttet und alles davon-
schwemmt. Also müssen wir darauf achten, dass nicht so viel
CO2 entsteht!

Seit ich mit Melanie Constructas Schatz gefunden habe, ken-
nen wir uns in diesen Sachen viel besser aus! Wir zwei sind
richtig neugierig geworden, warum das alles so ist. Es ist gut,

wenn wir uns auskennen und Bescheid wissen! Dann können wir anderen Menschen diese Dinge auch gut erklären.

Hier sind nun einige der Ideen, die jeder Mensch verwirklichen kann:

- ♥ ***Öfter mit dem Fahrrad fahren, oder zu Fuß gehen, oder mit dem Zug fahren (CO2- und Plastik-Vermeidung)***

Also ich, Freddi, bin jetzt neun Jahre alt. Ich mache gerne Sport! Da radle ich mindestens zweimal in der Woche mit meinem Fahrrad zur Sporthalle. Natürlich mit Helm auf. Erst haben meine Eltern gesagt, dass sei viel zu gefährlich. Aber dann sind wir den Weg an einem Wochenende gemeinsam geradelt, ich vorne, mein Papa hinter mir. Ich war sehr (!) vorsichtig! Ein paar Mal ist dann noch meine Mama mitgeradelt und ich habe geübt, mich an die Verkehrsregeln zu halten. Klappt jetzt sehr gut! Meistens radelt mein Freund Peter mit mir mit. Das ist super! Wir radeln übrigens auch, wenn es regnet. Ist ja nur Wasser. Trocknen können wir uns daheim wieder. Wenn du noch jünger bist, gibt es bestimmt eine andere Möglichkeit, CO2 zu vermeiden. Vielleicht kannst du mit deinen Eltern organisieren, dass immer nur EINE Familie fährt und die anderen Kinder auch abholt. Oder ihr lauft zu Fuß oder fahrt mit dem Roller.

Warum das wichtig ist? Autos fahren meistens durch die Kraft eines Verbrennungs-Motors. Dadurch entsteht CO2, das für den Treibhauseffekt verantwortlich ist. Und: Autoreifen sind aus Plastik! Bei jeder Fahrt reibt sich ein bisschen Plastik auf der Straße ab… und mit dem nächsten Regen schwemmt das klitzekleine Plastik in die Kanalisation und letztendlich ins Meer.

♥ *Merken, wenn die Sonne scheint – und aufhören zu jammern, wenn ein Regen kommt. Das ist nur Wasser (CO2-Vermeidung)*

Ich hab ja eine gute Regenjacke. Aber manchmal ist es schon blöd, wenn es richtig arg regnet und ich eigentlich mit dem Fahrrad fahren will. Regenhosen mag ich nicht so gerne, das ist manchmal ziemlich unbequem. Aber mein Papa hat mir den Vorschlag gemacht, dass ich doch einfach eine zweite Hose als Ersatz mitnehmen soll. Naja, die muss ich halt immer mitschleppen. Gut, dass ich stark bin. Und für meine Freunde, die Naturgeister, mach' ich das natürlich gerne: Mit dem Fahrrad fahren oder zu Fuß gehen, obwohl es regnet. Und das Auto stehen lassen.

♥ *Zu Fuß in die Schule gehen (CO2-Vermeidung)*

Such dir eine Gruppe Freunde und Freundinnen und geht auf alle Fälle immer gemeinsam! Bestimmt kann das erste Kind, das alleine losgehen müsste, von einem älteren Geschwister oder Mutter oder Vater das erste Stück zu Fuß begleitet werden. Dann haben die Eltern gleich einen kurzen Morgenspaziergang. Das tut denen auch gut, bevor sie in die Arbeit gehen. Es macht Spaß, sich vor der Schule schon mal zu unterhalten. Und ein bisschen Bewegung tut dem Gehirn gut, das denkt dann nämlich leichter in der Schule. Ach ja, natürlich ist es für die Umwelt gut, wenn nicht alle Schulkinder mit dem Auto zur Schule gebracht werden… Sagt Euren Eltern, dass Ihr sehr gut auf Euch aufpasst! Und beweist es, indem Ihr es tut!

♥ *Verpackungsmaterial vermeiden, lieber Stofftaschen nehmen (Plastik-Vermeidung)*

Wir haben jetzt immer in unseren Taschen klein gefaltete Stoffbeutel dabei – auch wenn wir zufällig einkaufen, brauchen wir keine Papiertaschen vom Geschäft. Und meine Mama hat ein paar grüne Netze für Gemüse gekauft, die kann man immer wieder nehmen. Melanie hat aus alten Stoffen ein paar Beutel genäht, die nehmen wir um zum Beispiel Brot oder Äpfel einzukaufen.

♥ *Kleidung im Second-Hand-Laden oder Flohmarkt kaufen (Plastik- und CO2-Vermeidung)*

Weißt Du, dass eine Jeans einmal um die Welt fliegen muss, bis sie bei uns im Geschäft zum Einkaufen bereitliegt? Fliegen mit dem Flugzeug ist ja richtig schädlich für die Umwelt. Da wird richtig viel CO2 in die Luft gepustet. Außerdem braucht die Baumwolle, aus der Jeans-Stoff gemacht wird, sehr viel Wasser. Das Wasser geht dann oft den Menschen ab, die in dem Land wohnen, wo die Baumwolle angebaut wird. Manchmal habe ich eine neue Jeans nur ein paar Monate an, weil ich dann schon wieder rausgewachsen bin. Also kaufen wir jetzt immer Jeans und andere Kleidung, die anderen Menschen nicht mehr passt oder gefällt. Dann sparen wir das Flugzeug und das viele Wasser!

♥ *Zum Einfrieren Dosen nehmen, die man mehrmals verwenden kann, oder verschließbare Gläser mit Twist-off-Deckel (Plastik-Vermeidung)*

Dann muss man keine Plastik-Gefriertüten kaufen. Meine Mama hat noch ein paar alte – die spült sie immer sehr sauber aus und verwendet sie öfters. Wenn Ihr zu Hause Gläser mit Twist-off-Deckel nehmt, müsst Ihr mindestens einen Zentimeter Luft lassen – sonst platzt das Glas in eurer Gefriertruhe! Das gäbe eine saubere Matsche-Pampe in der Gefriertruhe …

Gut kann man übrige Suppe oder Eintopf einfrieren. Das ist sehr praktisch! Wenn Melanie später von der Schule heimkommt, kann sie sich den Rest Essen selber aufwärmen (das Glas stellt sie schon am Abend vorher in den Kühlschrank, wo es bis zum nächsten Nachmittag auftaut). Und außerdem müsst ihr keine Lebensmittel wegschmeißen.

♥ *Weniger Fleisch und Wurst essen – weniger Milch, Käse und Butter essen (CO2-Vermeidung)*

Das weißt du: Kühe fressen Gras – und zwar ziemlich viel. Dafür brauchen sie große Wiesen. Weil es immer mehr Menschen gibt, die Fleisch essen wollen, werden große Flächen Urwald abgeholzt – damit die Kühe das Gras, das dann an Stelle der Bäume wächst, fressen können. Die Urwald-Bäume fehlen jetzt. Das ist schlecht, denn Bäume entziehen der Luft das CO2 – sie binden es. Weniger CO2 in der Luft – weniger Treibhaus-Effekt, also weniger schlechter Klima-Wandel (Trockenheit, starke Stürme, starke Regen...). Wir müssen also achten, dass die Urwald-Bäume stehen bleiben!

Und: Kühe furzen das Gas Methan – und das ist noch schlimmer als CO2. Also: Nicht so viel Fleisch und Wurst essen, damit es nicht so viele Kühe geben muss.

Du musst ja nicht gleich Vegetarier oder Veganer werden, wenn du nicht willst. Ein *bisschen* weniger Fleisch, Butter und Milch nutzt der Umwelt ja auch schon! Na klar: Milch und Butter kommt von den Kühen, das weißt du ja.

♥ *Beim Käse- oder Wurst-/Fleisch-Kaufen Dosen mitnehmen! (Plastik-Vermeidung)*

Normalerweise wird Wurst und so ja in Papier eingewickelt, das innen eine Plastikschicht hat. Das ist zweimal nicht gut: Plastik (das wir vermeiden wollen) und Papier (aus Holz von Bäumen, die lieber wachsen sollen, damit sie das CO2 binden). Nehmen wir also lieber unsere eigenen Dosen mit, die wir dann gaaaanz oft wieder verwenden können.

1. Musst du dran denken, die eigene Dose mitzunehmen! Daran gewöhnt man sich schon.

2. Musst du sehr mutig und informiert sein! Denn die Verkäufer*innen dürfen keine Dosen von zu Hause berühren und auch die Waage und die Theke dürfen nicht mit deiner Dose von zu Hause in Berührung kommen! Dafür gibt es ein Gesetz: Denn der Laden soll ja ganz sauber bleiben. Es muss also gelingen, deine Dose ohne Berührung mit Käse oder Wurst und Fleisch zu füllen! Das geht ganz einfach, wenn die Verkäufer*in ein Tablett nimmt: Sie hält dir das Tablett hin, du stellst deine Dose von zu Hause drauf, sie wiegt deine Dose (mitsamt dem Tablett), füllt Käse/Wurst/Fleisch ein, wiegt wieder, reicht dir die Dose, die immer noch auf dem Tablett steht. Beharre immer wieder sehr freundlich darauf. Bestimmt werden die Laden-Besitzer*innen bald ein geeignetes Tablett anschaffen,

denn die wollen ja auch, dass Plastik vermieden wird! Wir als Kunden, die einkaufen, bestimmen nämlich, was der Laden verkauft.

♥ *Unterstütze deine Eltern beim Einkaufen!*

Wenn du deinen Eltern beim Einkaufen hilfst, dann geht es schneller. Bringe dich ein: Du kennst dich gut aus, du bist informiert. Du bist freundlich. Denn vielleicht dauert es anfangs im Laden etwas länger, bis ihr euch über alle Produkte informiert habt: Was kommt aus der Region? Wie können wir Plastik-Verpackung vermeiden? Was kostet mehr Geld? Auf was können wir verzichten, damit wir etwas Teureres kaufen können, das weniger CO2 und Plastik verbraucht? Wenn deine Eltern merken, wie gut du sie unterstützt, dann sind sie bestimmt bereit, dich mithelfen zu lassen! Denn deine Eltern wollen ja, dass du und wir alle eine gesunde Zukunft haben!

♥ *Bäume pflanzen! (CO2-Vermeidung)*

Bäume „essen" CO2, also die verpestete Luft – das ist praktisch! Pflanzt also viele Bäume! Zum Beispiel mit plant-for-the-planet (https://www.plant-for-the-planet.org/de/startseite). Vielleicht findest du im Frühjahr auch keimende Kastanien. Als ich die das erste Mal zufällig gesehen habe, dachte ich, das sind kleine Würmlein in der Kastanie. Waren es aber nicht. Es waren die jungen Triebe, die mal ein riesiger Kastanienbaum werden. Vielleicht kannst du solche herumliegenden Kastanien in einem großen Wald einsetzen. Vielleicht findest du sogar heraus, wem der Wald gehört. Oder du fragst den Förster des Waldes.

♥ *Gehe mit Papier sparsam um – Schulhefte, Malblöcke, Toilettenpapier, Papiertaschentücher, Papierhandtücher… (CO2-Vermeidung)*

Denn neues Papier entsteht aus Bäumen! Und die brauchen wir ja! Überzeuge also deine Eltern, Toilettenpapier, Papiertaschentücher und –handtücher unbedingt aus Recycling-Papier zu kaufen. Verwende zum Malen die Rückseite von alten (Werbe-)Briefen, die deine Eltern wahrscheinlich mit der Post bekommen, oder Fehldrucke. Werbeprospekte kann man abbestellen! Bitte deine Eltern, das zu tun. Und gehe mit Papier einfach ein bisschen sparsam um: Manche sagen „Ach, das eine Papierhandtuch zu sparen bringt doch nichts!" Doch ich denke mir, wenn 10 Menschen je ein Papierhandtuch sparen, sind das schon 10 Handtücher. 100 Menschen sparen 100 Papiertücher… und irgendwann hat man dann einen Baum gespart. Oder – wenn das Papierhandtuch aus Altpapier hergestellt ist – hat man die Energie für die Herstellung gespart.

♥ *Erdbeeren, Tomaten und anderes Obst und Gemüse nur dann kaufen, wenn ihre Zeit ist*

Ich liiiiiebe Erdbeeren! Erdbeeren wachsen bei uns in Deutschland ab Mai. Dann sind sie so richtig süß und saftig. Klar – Erdbeeren können wir auch viel früher kaufen. Dann wachsen sie aber nicht bei uns, sondern in wärmeren Ländern. Von dort müssen sie mit dem LKW zu uns gefahren werden – das pustet CO2 in die Luft. Damit die Erdbeeren auf dem langen Weg zu uns nicht matschig werden, werden sie in Schalen verpackt – die sind aus Plastik. Und: Die Erdbeeren, die so früh geerntet werden, dass man sie nach dieser langen Reise noch essen kann, schmecken überhaupt nicht so gut! Also: Gedulde dich lieber noch eine Zeit lang, bis die Erdbeeren in deiner Region wachsen! Das gleiche gilt übrigens für Tomaten, Cocktail-Tomaten, Gurken und all das andere Obst und Gemüse. Informiere dich, wann welches Obst und Gemüse in deiner Region wächst! Auch, wenn du auf dein Lieblingsobst oder -gemüse eine lange Zeit warten musst: Nach der langen Warterei schmeckt es besonders gut!

Die Leute, die in Geschäften einkaufen, nennt man Käufer und Käuferinnen (zusammengesetzt ergib das „Käufer*innen"). Das sind wir. Käufer*innen können helfen, dass der Laden das verkauft, was gut für die Umwelt ist. Wenn niemand mehr Erdbeeren im Februar kaufen würde… würden die Erdbeeren im Laden stehen bleiben. Das wäre zwar schade, denn die gingen dann kaputt und die Laden-Besitzerin würde nichts daran verdienen. Und das kann sie sich nicht oft leisten! Denn sie will und muss ja mit ihrer Ware (also mit den Erdbeeren) Geld verdienen. Das nächste Mal wird die Ladenbesitzerin bestimmt gut nachdenken, ob sie nochmal Erdbeeren im Februar verkaufen will. Meistens tut sie das nicht mehr. Somit können wir Käufer*innen mithelfen, dass nur das im Laden verkauft wird, was sinnvoll ist, was wenig Plastik um sich hat und was wenig CO2 in die Luft pustet. Wenn du jetzt noch freundlich und mit guten Argumenten sagst, warum du zum Beispiel die Erdbeeren nicht gekauft hast, versteht das die Ladenbesitzerin und versucht gerne, es das nächste Mal anders zu machen. Denn es heißt „der Kunde ist König".

♥ *Informiere deine Freunde und Freundinnen, halte Referate, schreibe Leserbriefe, poste auf Facebook*

Es ist immer gut, wenn einer oder eine anfängt, etwas besser zu machen! Besser ist es, wenn viele mitmachen! Deshalb informiere deine Freunde und Freundinnen. Erzähle ihnen freundlich, warum du CO2 und Plastik vermeidest. Macht eine Challenge daraus: Wer schafft es, eine Woche lang nur zu Fuß in die Schule zu gehen und das Auto stehen zu lassen! Wer schafft es, erst im Mai die erste Erdbeere zu essen! Wer schafft es als erster, beim Fußball-Club anzurufen und höflich mitzuteilen, dass die neue Rasenfläche doch lieber nicht aus Mikroplastik hergestellt werden soll. Wenn es euch jetzt noch gelingt, euch miteinander zu freuen, dass es jemand von euch als erste*r geschafft hat, dann ist das super und keine Angeberei. Denn wichtig ist ja, dass wir es miteinander schaffen! Wer der erste ist, ist nicht so wichtig – macht aber Spaß.

Dann haltet doch gemeinsam ein Referat! Viele Lehrer*innen freuen sich, wenn ihr ein einigermaßen passendes Thema anbietet. Vielleicht nicht gerade in der Schulaufgabenzeit… in der Mitte oder gegen Ende des Schuljahres ist oft eine gute Gelegenheit, wenn schon Notenschluss war.

Oder ihr bittet eure Eltern auf Facebook zum Beispiel zu posten, dass ihr euch freut, wenn bald wieder Tomaten bei uns wachsen! Weil ihr damit der Umwelt helfen wollt.

Es gibt so viele Ideen, andere Menschen zum Mitmachen zu bewegen! Übe, dies nicht besserwisserisch zu tun. Und so, dass du die anderen sachlich und freundlich informierst.

♥ *Das Licht ausmachen, wenn es hell ist (CO2-Vermeidung)*

Das ist ganz einfach! Wir haben nämlich eine Glastüre. Da sieht man immer gleich, wenn jemand im Flur vergessen hat, das Licht auszuschalten. Und schon springt einer auf und macht das Licht aus. So *ein* Licht braucht ja nicht so viel Energie. Aber stellt euch mal vor, wie viel Energie zusammengespart wird, wenn alle Menschen einer Stadt das Licht ausschalten, das sie nicht brauchen! Das ist sehr viel!

Jetzt gibt es ja die LEDs, die nicht so viel Strom brauchen wie früher die Glühbirnen. Und trotzdem ist es wichtig, auch die auszumachen, wenn man sie nicht braucht. Denn viele Menschen haben nun sehr *viele* LEDs statt *einer* alten Glühbirne wie früher – und dadurch wird beinahe fast so viel Strom verbraucht wie früher mit Glühbirnen! Ist schon gut, auch die LEDs auszumachen, wenn wir sie nicht brauchen.

♥ *Strom verwenden, der durch Wind, Wasser oder Sonne gewonnen wird (CO2-Vermeidung)*

Das ist Strom, der kein CO2 verursacht, also keine scheußlichen Abgase in die Luft pustet, die für den schlechten Klima-Wandel verantwortlich sind.

♥ *Sich freuen, wenn die Vögel singen*

Melanie weckt mich manchmal, wenn morgens die ersten Vögel anfangen zu tirilieren. Das ist schön! Manchmal hören wir auch im Herbst, wenn die Vögel eigentlich nicht mehr singen, ganz, ganz leise eine Amsel ihr Lied pfeifen. Wo freust du dich an der Natur? Im Wald? Im Park? Am Balkon? Wenn du aus deinem Fenster in den Wolkenhimmel schaust? Oh – die Natur ist so schön!

♥ *Selbst denken! Und Widerstand leisten, sobald wir nicht einverstanden sind*

Ja! Das Selber-nachdenken habe ich jetzt wirklich gelernt! Jetzt merke ich immer öfter, wenn ich dabei bin, etwas zu tun, was den Naturgeistern und der Natur schadet. Oder wenn einer meiner Freunde so etwas Schädliches macht. Soll ich dann etwas sagen? Einer will zum Beispiel einen kurzen Weg von seiner Mama im Auto gefahren werden. Manchmal ist es ja nicht einfach, dann Widerstand zu leisten und zu sagen: „Fahr doch nicht mit dem Auto! Komm, fahr doch mit uns mit dem Fahrrad mit!" Leichter geht das, wenn mein Freund Peter dabei ist. Zu zweit können wir richtig gut lachen und die anderen Freunde mit Spaß überreden.

♥ *Sich informieren und auskennen!*

Wenn ich mich gut auskenne, warum es gut ist, Plastik und CO2 zu vermeiden, dann kann ich es auch anderen Menschen gut erklären! Es gibt viele interessante Bücher über diese Themen! Habt ihr eine Bücherei in der Nähe? Radle doch mal hin und lass dir einen Leih-Ausweis ausstellen! Dann musst du das Buch nicht kaufen und somit werden wieder Energie und Holz gespart. Und im Internet ist auch vieles zu finden! Sprich mit deinen Eltern, was du lesen und anschauen darfst.

♥ *Vielleicht erfindet jemand Hüte oder Fahrradhelme, auf denen – durch Solar betrieben – ein kleiner Motor kleine Windräder dreht – und dann kommt man mit dem Fahrrad schneller voran…*

Die haben wir ja in einer Perle von Constructa gesehen! Kann doch gar nicht so schwer sein, die zu erfinden, oder? Auf alle Fälle ist es gut, wenn viele von uns viele neue Ideen haben – manchmal sind auch Ideen gut, die andere erst mal komisch finden. Vielleicht entwickelt ein anderer Mensch sie weiter…

und plötzlich ist was ganz Neues entstanden, das für die Umwelt richtig nützlich ist!

♥ *Sich für sein Lieblingsthema interessieren (CO2-und Plastik-Vermeidung)*

Wenn du etwas Neues erfinden willst, ist es meist sehr wichtig, dass du die alten Dinge, die es bereits gibt, schon gut kennst. Vielleicht bist du Auto-Fan? Dann versuche zu verstehen, wie ein Motor funktioniert. Wenn du das weißt, kannst du später einen besseren Motor erfinden, der der Natur nicht schadet. Vielleicht bist du Tier-Fan? Dann versuche ganz viel über ihre Lebensweise herauszubekommen, damit du jetzt und auch später die Lebensbedingungen von Tieren verbessern kannst. Hast du ein anderes Hobby? Dann informiere dich darüber, was das mit Plastik und CO2 zu tun hat. Vielleicht bekommst du heraus, dass dein Sport-Gerät (Tischtennis-Schläger, Fußball, Fußball-Rasen) aus Plastik hergestellt ist oder vom anderen Ende der Welt mit dem Flugzeug herbefördert wird? Denke schon jetzt nach, wie das zu verbessern ist!

♥ ***Seife ohne Verpackung zum Duschen, Haare- und Händewaschen nehmen und auf Plastikflaschen und –tuben verzichten (Plastik-Vermeidung)***

Also das ist wirklich leicht! Was meint ihr, wie viel Plastikabfall wir nun weniger haben! Melanie hat ja lange Haare. Als sie merkte, dass die nach dem Haare-Waschen mit Seife zusammenkleben, hat ihr jemand gesagt, sie muss eine saure Rinse machen: Nun hat sie neben der Dusche eine kleine Kanne stehen und eine Flasche Apfel-Essig. Ein bisschen Apfel-Essig in die Kanne – warmes Wasser drauf, das ist die saure Rinse, und die vorsichtig über die Haare schütten. Und schon kleben die Haare nicht mehr!

♥ ***Haut-Creme selber herstellen (Plastik-Vermeidung)***

Das macht Spaß! Melanie ist da mittlerweile Fachfrau! Olivenöl *(ca. 2/3)* und wenig Kokosöl *(ca. 1/3)* (das aus den Plantagen, wo kein Regenwald dafür abgeholzt wird!) mit ein bisschen Bienenwachs *(Je mehr Du nimmst, desto fester wird später die Creme! Probiere es aus. Und schreibe Dir Deine Mengenverhältnisse auf. Das ist dann ein richtiges Experiment! Fang also mit kleinen Mengen an.)* mischen und ein paar Tropfen duftendes Öl dazu – in ein sauberes Glas füllen und warten, bis die Creme fest ist. Die nehme sogar ich manchmal, wenn ich raue Hände habe!

Dazu braucht man fast kein Plastik! Jedenfalls keines, das man nur einmal verwendet, wie zum Beispiel eine Creme-Tube. Glas kann man ja besser wiederverwenden.

♥ *Nicht so oft mit dem Flugzeug fliegen (CO2-Vermeidung)*

Flugzeuge verbrauchen schrecklich viel Energie und pusten entsetzlich viel CO2 in die Luft. Natürlich: Es werden damit gleichzeitig viele Menschen befördert. Viele Flüge müssten aber eigentlich nicht sein. Stell dir mal vor, es würden nur noch die Menschen mit dem Flugzeug fliegen, die wirklich in ein anderes Land müssen, zum Beispiel zum Arbeiten! Wie viel weniger Flugzeuge dann die Luft mit CO2 verpusten würden! Nehmt lieber den Zug! Oder das Auto. Das ist immer noch besser. Es gibt so herrliche Urlaubsgegenden in Deiner Nähe! Schau doch mal mit Deinen Eltern gemeinsam im Internet nach schönen Orten!

♥ *Kleinere und umweltfreundlichere Autos benutzen (CO2-Vermeidung)*

Das müssen natürlich Deine Eltern machen. Meist reicht für uns hier in Deutschland ein einfaches Auto, das nicht viel Benzin braucht. Das ist besser für die Umwelt, als die riesigen

SUVs, die viel CO2 in die Luft pusten und außerdem viel Platz auf den Straßen und beim Parken brauchen.

♥ *In die Zukunft denken! Alles, was man tut, hat Auswirkungen auf die Zukunft: Welche Zukunft soll das sein?*

Na, ist doch klar: Eine schöne natürlich! Eine, mit gesunder Luft. Eine, wo auf der Erde gesundes Obst, Getreide und Gemüse für alle wachsen. Eine, wo klares Wasser für alle Menschen da ist. Eine, auf der es den Tieren gut geht! Ja, ich pass schon auf und gebe Obacht auf die Welt!

Warum ich dieses Buch geschrieben habe

Ich liebe die Natur - deshalb bin ich Alltags-Klima-Schützerin. Wo es geht, vermeide ich gemeinsam mit meiner Familie Plastik und CO2. Meine Familie, das sind mein Mann und ich und unsere 4 Kinder – drei davon sind schon erwachsen. Das Auto lasse ich nach Möglichkeit stehen und fahre mit dem Fahrrad. Ich radle gerne durch die nahe Gegend! Ein Flugzeug von innen habe ich zuletzt vor 12 Jahren gesehen. Außerdem bin ich Vegetariern und vermeide zum Großteil Milchprodukte.

Von Beruf bin ich Sozialpädagogin: 1997 habe ich ein Kinderhaus gegründet, das ich seither leite. Hier leben wir die Telos®-Ermutigungspädagogik. Jedes Jahr gehen wir in einem langen Projekt dem Thema „Bildung zur nachhaltigen Entwicklung" nach: Denn Kinder sind sehr neugierig und mitfühlend. Alle wollen sie mithelfen, wenn sie verstanden haben, worum es geht.

Sehr viele Kinder habe ich mittlerweile schon in der Kita begleitet – und allen allen wünsche ich, dass sie ein gesundes Leben haben! Dazu trage ich meinen Teil bei. Und da Kinder bekanntlich Nachahmer sind, hoffe ich, dass ich viele Kinder und Familien ansporne, mitzumachen!

www.veronika-seiler.de

www.telos-kinderhaus.de

Elternratgeber Telos®-Ermutigungspädagogik und andere Bücher von Veronika Seiler

WUNDER-Punkt, Die Wut auf das Kind als Sprungbrett zu Harmonie und Frieden in der Familie, Norderstedt 2015

Wir bekommen ein Baby! Und wo bleibe ich? Geschwisterkinder ermutigend auf die Geburt des Säuglings vorbereiten, Norderstedt 2012 (Neuauflage 2016)

Klima-Wandel: Hier erhältlich, Eine Einladung an alle Eltern zum Mitmachen, Norderstedt 2016

Die Trotzphase gibt es nicht! Ein Elternratgeber zum Trotz, Norderstedt 2016